Du même auteur

Romans

Au nom du Saint-Esprit, je vous dis …
L'Arche des Temps Nouveaux
Folie de l'Homme ou Dessein de Dieu
Le Tiraillement
L'enfant bonheur
Suis-moi (tomes 1 et 2)
L'inflexible loi du destin (tomes 1 et 2)
À la croisée des destins
L'Univers de Kûrhasm (tomes 1 et 2)
Le chevalier de la Lumière
Quand le doigt de Dieu ...
La légende de Thâram (tomes 1 et 2)
Henri-Louis de Vazéac
Il la regarda et...

Essais

La destinée de l'homme ...
L'islam tisse sa trame en Occident

Poésies

Murmures de mon âme
Envolée métaphysique

Scénario de film

Magnesia

La Porte

Je me consacre à l'écriture depuis 2002, après avoir rédigé plusieurs ouvrages entre 1990 et cette date. Mes écrits ont un même fil conducteur spirituel, reflet de l'inaltérable foi en Dieu animant mon cœur. Ce qui m'a conduit à écrire, parfois, des histoires insolites et à devenir un auteur difficile à classer dans un genre.

ISBN : 978-2-3222-5383-8

Site internet : www.atypical-autoedition.com

François de Calielli

La Porte

Pièce de théâtre

Les personnages :

Audrey Louvain
Valentin Louvain

Première scène

Un salon équipé de meubles d'époque Louis XVI.
Valentin est en costume et cravate.
Audrey porte une robe rouge.

VALENTIN : (*en levant les sourcils et en soupirant*) Ah, mais quelle soirée !

AUDREY : (*d'un ton enthousiaste*) Tu l'as dit. Belle soirée, en effet ! Richard est un homme d'un esprit … (*en élevant légèrement la voix et en prenant un air rêveur*).

VALENTIN : Certes, Richard est un homme comblé. Les femmes l'adulent visiblement … à commencer par toi.

AUDREY : Il serait injuste de ne pas reconnaître son charme. C'est de surcroît un pianiste de talent.

VALENTIN : Cet homme t'a véritablement envoûtée, ma chère. Mais je ne suis guère surpris d'ailleurs.

AUDREY : Serais-tu jaloux, mon chéri ?

VALENTIN : Après un tel dithyrambe sur Richard (*en accentuant la prononciation du prénom*), je trouve ce « mon chéri » déplacé. D'autant que …

(*Audrey interrompt Valentin*).

AUDREY : Pourquoi dis-tu ça ? J'aime beaucoup Richard, mais pas comme tu l'insinues. J'ai l'impression que tu le détestes tout à coup.

VALENTIN : Tout à coup ? Je ne l'ai vu que trois fois, mais je trouve que ce parvenu est totalement imbu de lui-même. De plus, il se plaît à inonder son petit auditoire de ses histoires sans intérêt sur ses voyages mondains. Tu veux la vérité ? Eh bien, ce stupide individu me sort par les yeux. Voilà !

AUDREY : Il est clair que tu hais cet homme que tu connais à peine. Je t'ai pourtant entendu le féliciter.

VALENTIN : Le féliciter ? Vous manquez de finesse et de jugement, Madame Louvain. Car cet éloge était en réalité une moquerie déguisée … de l'humour sarcastique.

AUDREY : Quel supplice cela a donc été pour toi que ces deux ou trois cocktails avec Richard et Edwige ! Moi qui croyais que tu commençais à les apprécier et que nous en viendrions à partager ensemble le bonheur de délicieux moments.

VALENTIN : Ils ne seront jamais que tes amis. Quant aux délicieux moments, il s'agirait en réalité de pénibles enquiquinements.

AUDREY : J'avais déjà observé la distance entre nos façons de penser et d'être bien souvent. Or, là … mais là, vois-tu, je réalise que cette distance est désormais un gouffre.

VALENTIN : Il y a bien longtemps que nous nous jouons la comédie toi et moi. Encore une fois, la finesse de ton jugement manque d'à-propos.

AUDREY : Que faisons-nous encore ensemble, dis-moi ?

VALENTIN : Je me le demande. Nos cœurs se torturent finalement à chercher à faire semblant.

AUDREY : Tu as raison. Ne faisons plus semblant. Nous allons divorcer, Valentin.

VALENTIN : Bonne décision ! Le divorce nous libérera d'une pesante promiscuité.

AUDREY : Tu viens de dire une chose très laide. J'ignorais que tu me haïssais à ce point.

VALENTIN : Je ne te hais pas, Audrey. Nos cœurs ne sont plus en harmonie … crois bien que je le regrette.

AUDREY : Bon, c'est clair. (*sur un ton de regret*) Doux Jésus, pourquoi ai-je sacrifié pour toi ma passion, ma carrière de violoniste ?

VALENTIN : Tu n'étais qu'une débutante quand je t'ai rencontrée. Je t'ai offert de vivre dans l'opulence et l'oisiveté et tu en viens à renier ce dont tant de femmes rêvent de bénéficier.

AUDREY : Tu te méprends mon brave en prétendant que j'ai cherché à me caser. Tu oublies que l'on me reconnaissait, dès mon jeune âge déjà, la vocation d'une future grande soliste. Ta méchanceté et ta vanité m'exècrent.

VALENTIN : Le talent d'une grande soliste ! Là, c'est toi qui es vaniteuse ; car tu n'étais au mieux qu'une bonne violoniste d'accompagnement.

AUDREY : Une violoniste d'accompagnement ! Ça n'existe pas un violoniste d'accompagnement. D'où tiens-tu cela ?

VALENTIN : De nulle part. Un violoniste peut, comme bien d'autres musiciens, accompagner un chanteur non !

AUDREY : Bon, on ne va pas épiloguer. Permets-moi quand même de te préciser la façon dont tu m'auréolais de mille superlatifs quand tu as commencé à me courtiser. À l'époque, j'avais pour toi un énorme talent.

VALENTIN : Tu étais jolie ... alors je me suis laissé emporter par le désir de te conquérir.

AUDREY : Finalement, c'était un désir phallocentrique et en rien de l'amour. Quel échec ! J'aurais dû écouter ma mère.

VALENTIN : Ah, ta mère !

AUDREY : Oui, je sais, le courant n'est jamais vraiment passé entre elle et toi.

VALENTIN : Et qu'a-t-elle dit me concernant ta mère ? (d'une voix mielleuse et en accentuant le mot « mère »)

AUDREY : De ne pas t'épouser ... qu'un PDG de multinationale et une artiste n'ont rien à faire ensemble et, donc, que je regretterai, un jour, ce choix.

VALENTIN : Pourquoi l'as-tu fait alors ?

AUDREY : Parce que mon cœur bâillonnait ma raison. J'étais amoureuse d'un homme qui ne me méritait pas en définitive.

VALENTIN : Tu aurais été plus heureuse avec ton cher Richard (en accentuant le prénom « Richard »).

AUDREY : Et toi avec une femme comme Edwige. J'ai souvent pensé que vous vous ressemblez elle et toi.

VALENTIN : Je l'ai peu vue, mais c'est une belle femme en effet. Elle m'a paru aussi avoir une certaine finesse d'esprit.

AUDREY : En voilà une qui possède une qualité qui me fait visiblement défaut. Mais j'ai tout de suite remarqué ton intérêt pour elle. Il ne m'étonnerait pas que tu lui aies glissé quelques compliments à l'oreille. Elle en est friande, d'ailleurs.

VALENTIN : Tu affabules, ma chère. Par contre, j'ai la certitude que ton Richard et toi … Mm, vous ne vous privez pas de doux et bons moments ensemble.

AUDREY : Continuer cette vie de couple est insensé. Cela revient à se torturer pour rien. Tes raisonnements m'ennuient. (*en haussant le ton*) Tu m'asphyxies, mon pauvre !

VALENTIN : Je ne vous retiens pas Madame Louvain. Nous nous reverrons en présence de nos avocats.

AUDREY : Ah, tu restes ici et je deviens une pauvre SDF si je comprends bien.

VALENTIN : Il faut bien que l'un de nous deux s'en aille. En outre, je te rappelle que tu n'aurais pu habiter un duplex d'un pareil standing sans l'argent de mon confortable salaire de Président d'une multinationale.

AUDREY : J'en aurais eu assez pour vivre confortablement si tu ne m'avais pas amenée à abandonner mon destin de violoniste.

VALENTIN : Preuve que ça n'était pas ton destin. Bon, on a assez bavassé maintenant. Ton Richard se fera un plaisir de voler à ton secours. (*il élève la voix*) Adieu … et bon vent !

(*Valentin quitte la scène par une porte*)
(*Audrey s'assied sur le divan et regarde dans le vide*)

Le rideau tombe.

Deuxième scène

Le rideau s'ouvre sur deux chambres séparées par un mur et une porte.

Chambre de Valentin équipée d'un mobilier d'époque Napoléon III.

Chambre d'Audrey équipée d'un mobilier de style Art déco.

Valentin est vêtu d'une veste d'intérieur élégante et d'un pantalon flanelle.

Audrey est habillée d'une robe de chambre en soie.

VALENTIN (*il pense à voix haute tout en arpentant nerveusement sa chambre*) :
Ah, je t'asphyxie ! Eh bien, toi, tu me pompes mon oxygène et mon énergie depuis trente ans. Mais comment j'ai pu rester avec toi tout ce temps ! Comment j'ai pu être autant aveugle ! On se jouait la comédie, ma pauvre Audrey. Je réalise que nous n'étions pas faits l'un pour l'autre et que nous avons gâché nos meilleures années. Certes, nous aurions pu connaître un vrai bonheur ... toi avec un Richard et moi ... pourquoi pas avec une Edwige après tout. (*il soupire*) Ah, me voilà libéré à présent et toi aussi. Combien c'est rassérénant d'être libre soudain ! Cela permet de vivre, de respirer, de faire ce que l'on désire sans avoir à se justifier, à se contraindre à une attitude, à des principes, au conformisme. Maintenant, je vais enfin être moi-même et en profiter.

(*Audrey est assise sur un fauteuil Vintage en cuir de couleur marron. Elle écoute tout en levant de temps à autre les yeux au ciel*).

VALENTIN (*il continue son monologue sur un ton ironique*) :
Quant à toi, bon vent et suis ton chemin … violonise tous les jours avec ton Richard, puisque tu as tant de talent et que tu lui trouves tant de qualités !

(*Audrey fulmine silencieusement*).

AUDREY : (*sur un ton calme*) Valentin, je suis là.

VALENTIN : (*sur un ton énervé*) Qu'est-ce que tu fais là à m'épier ! Tu n'as plus rien à faire dans cette demeure jusqu'à notre divorce.

AUDREY : Je ne sais où aller. Alors, tant pis ! Je vivrai dans un coin sans te déranger.

VALENTIN : Ah, non ! Non, s'il te plaît ! N'essaie pas de m'émouvoir à présent. Ça ne marche pas, mais pas du tout, sache-le ! Une femme comme toi qui ne sait où aller. Je rêve ! Va et ne m'ennuie plus maintenant.

(*Petit temps de silence*).

(*Mimiques de l'un et de l'autre*).

VALENTIN : Tu es partie ? Réponds-moi, Audrey !

(*il se tourne vers le public*)

Si elle est partie, elle ne peut me répondre en effet. Je vais enfin pouvoir sortir de cette chambre et me préparer un chouette petit voyage. Un tour du monde ... tiens, un tour de ces pays que je n'ai encore jamais vus.

(*il tourne la clé dans la serrure et saisit la poignée de la porte*).

AUDREY : N'ouvre pas cette porte, Valentin. Parlons sans nous voir, puisque tu n'éprouves que du ressentiment à mon égard.

VALENTIN : Encore toi ? Écoute, tu devrais aller voir un médecin. (*sur un ton compatissant*) Tu es en train de perdre la raison, ma pauvre Audrey.

AUDREY : Je pense que, de cette façon, nous pourrons mieux évoquer toutes ces choses que nous n'avons jamais abordées.

VALENTIN : En voilà une drôle de lubie ! Mais, d'ailleurs, de quoi pourrions-nous discuter ? Nous sommes si peu souvent sur la même longueur d'onde.

AUDREY : Comment en sommes-nous arrivés là ... ou, plutôt, comment en es-tu arrivé à me détester de la sorte ?

VALENTIN : Tu ne me détestes pas, toi, peut-être ! Cette détestation mutuelle est, en outre, l'aboutissement d'une disharmonie entre nos deux personnalités.

AUDREY : C'est-à-dire ?

VALENTIN : Eh bien, en d'autres termes, que nos deux moi diffèrent trop.

AUDREY : La différence est source d'enrichissement, bien souvent. Tu ne crois pas ?

VALENTIN : Ah, bien ! Madame éprouve le besoin de philosopher. Enfin, philosopher derrière une porte … c'est comme échanger par internet.

AUDREY : Je ne suis pas d'accord. Nous nous connaissons et nous pouvons, de ce fait, décrypter les tonalités dans nos voix. En tout cas, j'entends bien, moi, les émotions dans la tienne. D'ailleurs, en ce moment, je devine ta disposition d'esprit.

VALENTIN : Ah, intéressant ! Quelle est ma disposition d'esprit, voyons ?

AUDREY : Tu es en colère, mais en attente.

VALENTIN : En attente ? Je me demande bien de quoi. Tu extrapoles, ma chère. Non, plutôt tu prêches le faux pour savoir le vrai.

AUDREY : Quant à toi, tu profites de mon attitude positive pour me rabaisser, me faire du mal. Tu me veux à ta merci. C'est un comportement très machiste en fait.

VALENTIN : Tu te méprends, Audrey. Je ne cherche nullement à prendre le dessus sur toi. En vérité, tes avis m'indiffèrent et, s'il n'en tenait qu'à moi, cette conversation tournerait court. Me suis-je bien fait comprendre ?

AUDREY : Bon, puisque tu es aussi buté … adieu !

(*Silence pendant lequel Valentin colle l'oreille à la porte en faisant des mimiques*).

VALENTIN : (*il se parle à haute voix*) Ah, elle est partie ! (*il soupire*). Tant mieux ! Cet échange derrière une porte commençait à me barber. Elle a toujours aimé les situations saugrenues, voire abracadabrantesques. Évidemment, je ne suis pas assez exotique. Il lui aurait fallu un homme capable de la surprendre, de mettre du piquant dans le couple et non quelqu'un de rangé et travailleur comme moi. Elle s'accroche, alors que je lui offre la possibilité, à présent, d'aller chercher son partenaire idéal.

(Nouveau petit silence pendant lequel Valentin colle à nouveau son oreille à la porte).

VALENTIN : Audrey, tu es partie ? Bien partie ? *(avec une moue interrogative)* Pourquoi je n'ouvre pas cette porte après tout. J'ai vraiment l'air ridicule derrière cette porte. Allez, voyons si elle a abandonné cette stupide idée de converser de cette façon.

(il tient la poignée tout en tendant l'oreille).

VALENTIN : Mm, je sens que tu es encore là à épier ma respiration, mes pensées et si je n'en viens pas à m'écrouler subitement. Ah, ça t'arrangerait, n'est-ce pas, que je fasse un infarctus, une rupture d'anévrisme ! Ce serait une libération. Tu pourrais jouir à ta guise de cet appartement et y faire les cent coups avec ton Richard et d'autres amants.

(Audrey tend l'oreille, pince les lèvres en secouant la tête, puis lève les yeux au ciel).

(Valentin prend un regard malin) Mais tu ne serais pas si tranquille, car mon fantôme hanterait ce lieu et vous harcèlerait jusqu'à vous rendre fous.

(il se tourne vers le public)

Ah, mais … qu'est-ce que je raconte là. Je ne crois pas à ces inepties, ces balivernes inventées par des insensés. Décidément, cette maudite porte me fait déraisonner. Il faut que je sorte d'ici au plus vite.

AUDREY : C'était intéressant au contraire.

(*Valentin lâche promptement la poignée de la porte*)

VALENTIN : Ah, je sentais bien que tu étais encore tapie derrière cette porte. Tu n'as rien d'autre à faire que de me surveiller ainsi ?

AUDREY : Je ne te surveille pas, mon ami. Je t'écoute.

VALENTIN : Ce n'était pas des choses pour toi. Je n'ai pas l'intention de nourrir ta curiosité ou ta réflexion. Je me parlais à moi-même et ton avis ne m'intéresse guère. Je te prie de déguerpir maintenant et de me laisser respirer et vivre. Oui, j'ai hâte de faire enfin tout ce que je n'ai pu accomplir avec toi.

AUDREY : Quoi, par exemple ?

VALENTIN : Ça ne te regarde pas. J'ai des aspirations, figure-toi, et que je pourrai réaliser désormais. Tu as les tiennes, j'espère. En définitive, j'accomplis une œuvre humaniste en te libérant et en te permettant de les épanouir.

AUDREY : Débattons-en, Valentin. Nous n'avons jamais pris le temps de nous asseoir l'un en face de l'autre pour échanger paisiblement et nous écouter.

VALENTIN : Évidemment, tu te trouvais toujours une occupation … comme si tu cherchais à fuir l'intimité. Nous n'avons pas eu une vie de couple, mais celle de deux personnes apeurées par la perspective de la solitude.

AUDREY : Tu parles pour toi, car je ne crains guère, personnellement, la solitude. Tu es en outre d'une inimaginable mauvaise foi, puisque tu m'as laissée seule la majorité du temps … depuis ce jour où j'ai dit oui devant Monsieur le Maire.

VALENTIN : Tu dis ça comme si j'avais déserté le foyer pour courir la prétentaine. Président d'une multinationale n'est pas de tout repos. Cela requiert d'être sur le pont en permanence.
AUDREY : Et de prendre du bon temps sous le pont.

VALENTIN : Si je comprends bien, tu m'accuses de m'être livré à des frasques dans ton dos.

AUDREY : Je n'ai pas dit ça. J'ai simplement subodoré la possibilité de moments de réconfort après l'effort.

VALENTIN : Là, ma chère, tu finasses. J'ai bien entendu ton accusation ainsi que ta suspicion au sujet de mon intégrité.

AUDREY : Tu extrapoles, vois-tu. Loin de moi l'intention d'insinuer pareille chose.

VALENTIN : Est-ce que je te soupçonne, moi ? Pourtant …

AUDREY : Pourtant ? Allez, c'est l'heure de faire les comptes. On est là pour tout se dire non ?

VALENTIN : Ce papotage derrière une porte est ton idée, je te rappelle.

AUDREY : Au moins, nous arrivons à nous balancer des choses que nous aurions préféré taire en face-à-face.

VALENTIN : J'espère que tu en viendras à m'avouer ce que tu me caches depuis … des années assurément.

AUDREY : Je n'ai aucun aveu à faire, Monsieur le juge et je n'ai rien à me reprocher, Monsieur le curé.

VALENTIN : Tu délires, ma pauvre. Ceci dit, c'est bien dommage. N'as-tu pas suggéré de jouer carte sur table et, donc, de mettre la situation au clair ?

AUDREY : Je ne suis pas joueuse et, me concernant, il n'y a ni lézard, ni cachotterie. Quant à toi, joue franc jeu. Avouer la vérité est mieux que de se complaire dans le mensonge.

VALENTIN : Quelle vérité et quel mensonge ? Et puis, garde tes leçons de morale pour toi, je te prie.

AUDREY : Ah, j'entends de la crainte dans ta voix. Pourquoi donc, mon ami ? Je conçois que cet échange à bâtons rompus puisse t'effrayer, dès lors que tu n'as pas la conscience tranquille.

VALENTIN : Tu m'ennuies Audrey. Ou plutôt tu me donnes le tournis avec ta manière de tourner autour de moi en espérant trouver la faille qui te permettra de me déstabiliser.

AUDREY : Ta façon de noyer le poisson m'amuse. Allons, déleste ton cœur d'un poids pesant !

VALENTIN : Oh, mais tu es une vraie sangsue. Sache que je n'ai nullement l'intention de te suivre sur cette voie.

AUDREY : Tu ressembles à un moribond qui refuse de confesser ses péchés.

VALENTIN : Voilà autre chose à présent. Après avoir tenté de jouer au psychanalyste, madame se prend pour un confesseur. Apprends alors que je n'ai rien à confesser et … surtout pas … à une femme qui a pour habitude de déformer ce qui n'a guère besoin de l'être. Ta petitesse d'esprit est un drame, ma pauvre femme. Je plains ton indigence spirituelle.

AUDREY : Tu as toujours eu le goût pour les effets de manche. Tu aurais été un bon avocat comme ton père.

VALENTIN : Si je n'ai jamais eu d'affinité avec ta mère, il est un fait que tu n'en as jamais eu avec mon père.

AUDREY : Tu te complais dans la négativité. Tu t'en nourris et tu m'en inondes affreusement. Pourquoi ne fais-tu pas l'effort de converser plus positivement avec moi ? Nous avancerions plutôt que de piétiner comme actuellement.

VALENTIN : Où veux-tu en venir au juste ?

AUDREY : Là n'est pas la question. Mon souhait est simplement d'arriver à comprendre ce qui a amené cette affreuse déchéance de notre couple.

VALENTIN : Seul un psy pourrait t'ouvrir les yeux. Selon moi, nous nous sommes tant éloignés l'un de l'autre que le chemin inverse s'avère être une gageure impossible. La faute à cette grande différence entre nous que je n'ai pas su déceler, il est vrai, au début de notre relation.

AUDREY : Pourquoi ne dis-tu pas que l'amour nous a aveuglés. À t'entendre, nous nous sommes mariés sans éprouver le moindre amour.

VALENTIN : Je n'ai jamais prétendu une telle chose. Cet amour n'a pas résisté, cependant, aux contraintes de la vie commune. L'habitude l'a mis à mort et a fini par l'ensevelir. À mon humble avis, cet aboutissement est le lot de nombre de couples. J'en viens à m'interroger sur le mariage, vois-tu. Cette institution ne tue-t-elle pas l'amour, en définitive !

AUDREY : Vivre en union libre ou se pacser n'empêcheront pas la rupture, dès lors que les partenaires ne sont pas en harmonie de cœur et trop distants dans leurs façons de vivre.

VALENTIN : Pour moi, le mariage invite au conformisme et à mettre au rebut ces petites attentions qui montrent à l'Autre qu'on s'intéresse à lui ou elle. Il faut la crainte de perdre l'amour du conjoint ou de la conjointe pour veiller à l'entretenir.

AUDREY : Tu viens de faire le constat de l'échec de notre union finalement. En effet, nous n'avons pas su alimenter, voire mettre de l'exotisme dans ce sentiment qui nous a conduits à nous passer la bague au doigt.

VALENTIN : Les personnes sont-elles faites pour vivre sous le même toit ? Voilà une autre inconnue. Le cas de Damien et Justine me fait dire que le divorce peut avoir un effet salutaire, puisqu'ils se sont retrouvés, un an après avoir divorcé, et qu'ils se sont de nouveau aimés en vivant toutefois chacun chez soi. Je suis certain que beaucoup de personnes n'auraient pas divorcé si elles avaient pu vivre sans être obligées de faire d'ennuyeuses concessions.

AUDREY : Excuse-moi, Valentin, mais ton point de vue prêche l'égoïsme. Les concessions sont au contraire le moyen de ne pas rester accroché à sa petite vérité. Cela oblige de comprendre l'Autre, d'ouvrir son propre esprit et, en final, d'évoluer. L'amour est magnifique lorsque deux êtres font l'effort de l'épanouir à chaque instant.

VALENTIN : C'est beau ! Oui, oui, je reconnais là ton idéalisme d'artiste. Or la vie n'est pas un conte. Soyons pragmatiques, ma chère ! L'amour ça va, ça vient. Il convient de le renouveler en permanence. Ce n'est pas une vibration émanant d'un hypothétique Divin comme l'affirment les religieux. Il n'existe pas entre un homme et une femme sans le sexe. Vois comment un couple se dégrade quand le charnel n'y est plus présent.

AUDREY : Je suis d'accord que le charnel est nécessaire à l'harmonie entre deux partenaires. Mais l'amour ne peut être réduit au sexe comme tu le prétends. Il impulse le désir de partager dans d'autres domaines que le sexe.

VALENTIN : Bon, on est presque sur la même longueur d'onde. Une fois n'est pas coutume.

AUDREY : Personnellement, je n'ai pas vu là le moindre accord.

VALENTIN : Bien sûr, le hiatus entre nos façons de penser est évident. Je ne partage pas ton idéalisme et tu ne partages pas mon réalisme.

AUDREY : Tu te gaves de réalisme, de pragmatisme, de matérialisme.

VALENTIN : Concernant le matérialisme, tu n'es pas à proprement parler une antimatérialiste. En effet, tu aimes profiter des belles choses et de la bonne vie mondaine. C'est facile de philosopher sur l'humanisme, la fraternité, et j'en passe, mais ça l'est moins de s'impliquer dans des œuvres humanitaires ou pour le bien de son prochain.

AUDREY : Tu essaies de te valoriser en m'affublant de tous les défauts. Mais je suis plus humble que tu ne crois et je reconnais n'être pas parfaite. J'accepte même de changer, vois-tu.

VALENTIN : Chasse le naturel et il revient au galop, dit l'adage.

AUDREY : Celle que je suis au fond de moi échappe à ton entendement, Valentin. Il m'apparaît que cette conversation, derrière une porte, pourrait bien faire s'exprimer une part de nous-mêmes et propre à nous surprendre.

VALENTIN : Alors, nous n'aurons pas le temps. Car, lorsque nous en aurons terminé avec ce papotage, nous irons vers nos destinées mutuelles.

AUDREY : Cette discussion n'est en rien un papotage selon moi. Pourquoi dénigres-tu ce qui pourrait être porteur de bons fruits ?

VALENTIN : Et toi, pourquoi t'obstines-tu à parler avec un homme négatif, vaniteux et méchant ? De quoi m'as-tu accusé encore ? Ah oui … d'être horriblement matérialiste.

AUDREY : Tu l'as dit, je suis une idéaliste. J'espère toutefois qu'au-delà de l'homme apparent sommeille une personnalité dont tu ignores toi-même la richesse.

VALENTIN : Simple curiosité qui débouchera sur une amère déception. Je suis comme je suis et, ne t'en déplaise, je ne changerai jamais. D'ailleurs, je n'aspire pas à devenir meilleur. Concernant mes travers ... Eh bien, je mourrai avec.

AUDREY : J'escomptais que tu ferais preuve de plus d'intelligence. Or je m'aperçois finalement que tu es borné et rigide.

VALENTIN : Tiens, deux qualificatifs qui manquaient au registre. Oh, je ne me fais pas de bile, tu vas m'en vêtir de beaucoup d'autres.

AUDREY : Puisque mes efforts demeureront vains, j'abandonne (*elle pousse un long soupir*).

VALENTIN : Voilà une sage décision. Nous avons assez déblatéré et ... pour rien en définitive.

AUDREY : J'ai l'impression de recevoir une gifle à chaque fois que je me risque à faire un pas vers toi.
VALENTIN : Ne sois pas maso alors. Quittons-nous bons amis et divorçons à l'amiable.

AUDREY : Nul doute que tu trouveras matière à provoquer la scission. Certes, les questions matérielles ne concourent pas, en général, à la sérénité.

VALENTIN : Je te sens inquiète. Tu ne seras pas lésée, Audrey. Je suis le pire des maris, mais pas au point de laisser sa femme sans le sou. (*en haussant le ton*) Adieu maintenant. Nous nous reverrons en compagnie de nos avocats.

Le rideau tombe

Troisième scène

Le rideau se lève sur les deux mêmes chambres séparées par une porte.

Pareillement vêtu que dans la scène précédente, Valentin est allongé sur le lit. Il survole les articles d'un journal.

Vêtue d'un pantalon et d'un chemisier, Audrey est assise dans un des fauteuils de sa chambre.

(*Audrey se parle à voix haute*)

AUDREY : Quel homme borné ! Je fais pourtant aujourd'hui plus d'efforts pour une discussion constructive que durant nos trente années de vie commune. Trente ans ! Mais comment avons-nous pu rester autant de temps ensemble sans nous étriper ! Certes, lui dans ses voyages professionnels et, moi, dans mes occupations, nous avons pu éviter d'affreux face-à-face chaque jour. Nous n'aurions plus su quoi nous dire sinon. Finalement, cette séparation arrive au bon moment. N'étant plus en activité, il me serinerait sans cesse, voire il surveillerait tous mes faits et gestes. À quoi va-t-il occuper son temps désormais ? Je me le demande. Il m'accuse d'être mondaine. Oui, je l'avoue, j'aime me retrouver avec tous ces gens bien pourvus par le Seigneur, vu qu'ils aident ma cause tout en m'enrichissant l'esprit par leurs vécus peu communs. D'ailleurs, les mondanités ne sont pas ma tasse de thé … contrairement à ce qu'il croit.

(*elle se tourne vers le public*)

Le moment viendra où il entendra ce petit secret.

(*elle reprend sa réflexion à voix haute*)

Heureusement, j'ai ce goût pour la vie en société. Sinon, je m'ennuierais à mourir, vu que je n'ai aucune affinité avec le tricotage ou toute autre activité manuelle. L'écriture ne m'aurait pas déplu par contre. Or il me manque, malheureusement, l'inspiration ou l'imagination. (*elle soupire*) Ah ! Valentin a une piètre opinion de moi. Il ne me connaît pas … et pas du tout même. Bon, il faut que je me trouve un avocat à présent et au plus vite, car je n'ai pas l'intention de partir au hasard et de quitter cette demeure à laquelle je me suis attachée et qui est tout autant à moi qu'à lui. N'ai-je pas sacrifié mes plus belles années avec cet ogre de mari, alors que j'aurais pu faire une grande carrière comme violoniste et vivre une vie de rêve ? (*elle soupire*). En attendant, je vais me relaxer un peu.

(*elle ferme les yeux*)

(*Valentin survole toujours son journal, allongé sur le lit et les lunettes sur le nez*)

VALENTIN : Je suis certain que cette fichue bonne femme est là à m'épier. Si elle attend que je quitte ce duplex, que j'ai payé avec des deniers durement gagnés, elle se met … bon, elle fait fausse route disons. Je ne vais quand même pas aller vivre dans un trois-pièces pendant qu'elle s'éclate ici avec son Richard. Si elle s'imagine ça, elle va bientôt tomber de son petit ciel.

(*il pose le journal, ôte ses lunettes et, les yeux clos, reste un moment silencieux*)

(*il rouvre les yeux et pense à nouveau tout haut avec un regard pensif*)

Suis-je vraiment comme Audrey m'accuse d'être : vaniteux, méchant, matérialiste, négatif ? Si je m'en tiens à ses dires, je n'ai aucune qualité. Cette déconsidération est horrible.

Vraiment ! À l'entendre, l'échec de notre couple m'incombe totalement. Et si elle avait raison ! Si finalement, j'étais responsable de cet éloignement de nos cœurs. (*en élevant la voix*) Raisonner ainsi serait oublier que nous sommes deux et que rien n'est jamais blanc ou noir. Chacun doit être capable de reconnaître ses fautes, ses erreurs. Et là, elle en fait beaucoup. Bon, je l'admets, j'en fais, moi aussi, quelques-unes. (*avec à nouveau un regard pensif*) Où est l'amour dans tout ça ? N'aurait-il pas dû nous inviter à trouver insipide une vie l'un sans l'autre ? Or il ne nous a jamais poussés à la réconciliation. Au contraire, nos cœurs ont pris, au fil du temps, des chemins séparés. Ai-je vraiment aimé cette femme, en définitive ? N'était-ce pas plutôt le désir d'avoir une jolie personne dans mon lit … et aussi en société … qui m'a induit à l'épouser ? Certes, c'est une très belle femme, mais d'une mentalité qui ne s'accorde pas … ou plus du tout … avec la mienne. Oui, elle a raison ! Le divorce est la solution désormais et qui nous permettra enfin de rencontrer l'amour et non de nous satisfaire d'un pis-aller. Je lui prouverai que je ne suis pas aussi matérialiste qu'elle le prétend en lui laissant la moitié de mes biens. Et, ensuite, bon vent ma belle ! (*il soupire*) Bien, assez cogité, je vais reposer mon esprit maintenant !

(*Audrey est toujours assise dans le fauteuil Vintage*)

AUDREY : (*elle se parle tout haut*) Cela me frustre de ne pas avoir réussi à comprendre les vraies raisons qui nous ont amenés à cette issue. Je ne suis pas cette personne superficielle qu'il dit. J'aime la bonne société, les gens cultivés, au cœur artiste … mais je me préoccupe aussi des petites gens. Peut-être aurait-il aimé avoir, à son côté, une femme effacée ou d'intérieur, voire qui passe son temps à peindre ou à écrire. En tout cas, il n'a pas idée de celle que je suis et il fonde son petit jugement sur des a priori.

(*Audrey reste silencieuse un instant, le regard méditatif*)

C'est dommage qu'il n'ait pas pris le temps de connaître cette personnalité vraie qu'il faut savoir deviner au-delà de l'apparence. Bon, il manque de perspicacité ... mais il n'en a jamais été autrement. Côté sentiment, je doute qu'il m'ait épousée avec un réel amour pour moi en son cœur ... alors que, moi, je l'ai aimé sincèrement. Quoique, maintenant, j'en suis arrivée à ne plus savoir si je l'aime encore ou si j'éprouve le désir d'en aimer un autre. Cette interrogation me perturbe évidemment.

(*elle se tourne vers le public*)

Terrible dilemme, n'est-ce pas !

(*elle reprend sa réflexion à haute voix*)

Si Valentin avait eu une bonne ouverture d'esprit, nous aurions pu faire le point et déceler finalement où nous en sommes l'un et l'autre. J'angoisse à l'idée de quitter cette demeure qui est témoin de trente années de ma vie. Comment vais-je vivre à présent ... et où ? En définitive, je n'étais pas si mal avec Valentin et je ne manquais de rien. Bon, le quotidien n'est pas simple avec lui. Ce sera pire maintenant qu'il est à la retraite (*elle pousse un long soupir*). J'ai lu, un jour, que nombre de couples retraités divorcent, dès lors qu'il leur faut tout à coup vivre quasiment en face-à-face. Ils ne trouvent, bien souvent, plus rien à se dire et ils s'aperçoivent qu'ils ne partagent plus rien. Il est vrai que Valentin n'est pas homme à rester à rien faire toutefois et, puis ... j'ai mes occupations. Aussi nous pourrions nous éviter d'ennuyeuses confrontations. Ah, finalement, je m'aperçois que je ne souhaite pas divorcer et que j'aspire à sauver ce qui peut encore l'être. Comment alors amener Valentin à une vision plus raisonnable de la chose ? (*elle tourne les yeux vers le plafond en tendant les mains*) Seigneur, fais donc un miracle, je te prie !

(*Audrey ferme les yeux*)

(*Valentin se lève et fait les cent pas dans sa chambre*)

VALENTIN : Elle a enfin compris que cette conversation derrière une porte ne réussirait guère à recoller des morceaux disparates. Car nous sommes si différents, Audrey et moi, que nous aurons toujours du mal à former un vrai couple. Mais, d'ailleurs, c'est quoi au juste un vrai couple ? On peut parler de vrai couple, selon moi, lorsque deux personnes sont attentives l'une à l'autre, qu'elles désirent tout partager ensemble, qu'elles cherchent le bonheur de l'Autre sans se préoccuper du leur, qu'elles n'imaginent pas vivre sans leur moitié, qu'elles existent à travers celle-ci, qu'elles ont sans cesse peur de la perdre … enfin, qu'elles éprouvent un indéfectible amour l'une pour l'autre tout simplement. Eh bien, Audrey et moi sommes loin de désirer ces choses. (*il soupire, puis il lance d'une voix conciliante*) Bon, je l'admets, je n'ai sans doute pas pris la peine de la comprendre et je me suis montré, bien des fois, sous mon plus mauvais jour. Et pourquoi ai-je eu cette attitude finalement ? Comment lui faire savoir maintenant que je ne suis pas foncièrement cet homme, puisqu'elle est partie et qu'elle ne reviendra plus assurément. Après avoir goûté à une nouvelle existence avec son fameux Richard, ou un autre de ses amants, elle trouvera sans intérêt de partager derechef ma vie. (*sur un ton ferme*) Mais, en tout cas, je n'en viendrai pas à me rabaisser en lui demandant de revenir sur sa décision de divorcer ou, pire, que je compte changer, etc.

(*il se tient la tête et dit en élevant la voix*) Eh ! Oh, Valentin ! Qu'est-ce qui t'arrive ? Visiblement, tu n'es plus aussi sûr de vouloir cette séparation. Or il va te falloir assumer cette situation dorénavant. Tu l'as envoyée, et avec quelle virulence d'ailleurs, vivre sa vie avec un autre. Donc, il est temps de tourner la page et de vivre la tienne maintenant.

(*assis sur le lit, il réfléchit en se tenant le front*)

(*brusquement, il se lève et pousse un cri animal*)

Aaaaaaaaaaaaaah !

Le rideau tombe

Quatrième scène

Le rideau se lève sur le même décor que précédemment.

Valentin est allongé sur son lit.
Audrey est debout derrière la porte.

AUDREY : Valentin ? Tu te sens mal ? Allons, Valentin, réponds-moi !

(*silence de Valentin*)

(*Audrey actionne la poignée*)

Maudite porte ! Bon, Valentin, si tu ne réponds pas …

VALENTIN : Je ne suis pas à l'article de la mort … enfin, pas encore. J'ai juste fait un cauchemar. Mais je te croyais partie ! Tu …

(*Audrey interrompt Valentin*)

AUDREY : Écoute, on ne va pas recommencer à palabrer pour rien comme tu dis. Je m'en vais définitivement si tu ne …

(*Valentin interrompt Audrey*)

VALENTIN : Non, reste ! Parlons de tout ce dont nous n'avons jamais parlé, puisque tu y tiens.

(*Audrey tire le fauteuil à un mètre de la porte environ et s'assied*)

AUDREY : Aurais-tu été frappé par le Saint-Esprit tout à coup ?

VALENTIN : Moi, par le Saint-Esprit ! Et pourquoi dis-tu ça ?

AUDREY : Tu étais si vindicatif et hostile à toute discussion. Alors, permets que je sois étonnée par ce revirement d'attitude.

VALENTIN : Il n'y a que les sots qui ne changent pas d'avis et ...

(*Audrey interrompt Valentin*)

AUDREY : Tu n'es pas un sot.

VALENTIN : C'est ça, moque-toi !

AUDREY : Pas du tout ! Je le pense sincèrement. Tu n'es pas un sot ... simplement un homme buté parfois.

VALENTIN : Mm, tu allais dire « souvent ».

AUDREY : Bon, on ne va pas jouer sur les mots. Dis-moi plutôt ce qui a fait évoluer ta façon de voir et accepter soudain cet échange derrière une porte.

VALENTIN : Finalement ... je me suis dit qu'il serait intéressant ... sans doute ... de comprendre la raison de l'échec de notre couple. Voilà !

AUDREY : C'est bien ce que je disais ... tu as été inspiré par le Saint-Esprit, mon cher Valentin.

VALENTIN : Le Saint-Esprit a mieux à faire que de se tourner vers un pécheur tel que moi.

AUDREY : Je te rassure alors ! Car il s'intéresse à toutes les âmes de bonne volonté. Aussi a-t-il certainement entendu la bonne volonté de la tienne ou plutôt tes attentes intérieures.

VALENTIN : Puisque tu as l'air d'être une femme très inspirée, quelles sont mes fichues attentes intérieures selon toi ?

AUDREY : Je ne connais pas tes attentes, mais je pressens, par contre, ta crainte.

VALENTIN : Et quelle est ma crainte ?

AUDREY : Je pense que tu crains de te retrouver seul.

VALENTIN : Peur de me retrouver seul ? Là, je t'informe que tu fais erreur. La solitude ne m'effraie guère. Je crains seulement, vois-tu, de me comporter d'une façon trop égoïste en te chassant de notre demeure comme une malpropre.

AUDREY : Ah, tiens ! Tu reconnais à présent que j'ai droit à une part de ce duplex. Voici une belle avancée qui augure d'autres progrès j'espère.

VALENTIN : Profite donc de ma bonne disposition … allez, vas-y … vide ton cœur.

AUDREY : Mais je n'ai nullement l'intention de t'inonder de mes frustrations ou de mes griefs.

VALENTIN : En effet, ce serait très pesant. De quoi veux-tu que nous débattions alors ?

AUDREY : Euh … Je n'y ai pas réfléchi. Que te vient-il à la pensée … là, spontanément ?

VALENTIN : Alors là, à froid … rien ne me vient non plus. (*en élevant légèrement la voix*) Ah si ! J'aimerais que tu m'avoues, en toute franchise, l'opinion que tu as de moi.

AUDREY : À brûle-pourpoint … il m'est difficile de répondre.

VALENTIN : Allez, on vide les greniers aujourd'hui ! C'est l'heure du grand déballage, ma chère !

AUDREY : Et toi, quelle est ton opinion de moi ?

VALENTIN : Ah, non ! S'il te plaît ! Ne réponds pas à ma question par une autre question. Sois courageuse et sincère … une fois n'est pas coutume.

AUDREY : Bien, je me jette à l'eau alors. Tu sais, j'ai beaucoup regretté ton égoïsme bien souvent. À cause de lui, j'ai eu le sentiment que nous vivions l'un à côté de l'autre comme des colocataires en quelque sorte.

VALENTIN : Je n'ai pas été si souvent à la maison ces dernières années.

AUDREY : Pendant nos trente années de mariage tu devrais dire.

VALENTIN : Mais pour mon travail … uniquement pour mon travail.

AUDREY : Je n'étais pas là pour voir comment tu passais tes soirées lors de tes voyages.

VALENTIN : Tu insinues donc que je me suis adonné aux plaisirs de la chair avec d'autres femmes. Moi, j'ai l'esprit tranquille, vois-tu ! N'essaie pas de m'accuser d'infidélité avec à l'idée de camoufler la tienne.

AUDREY : Je sais que tu as toujours cru que je profitais de tes absences pour prendre mon pied avec Richard ou d'autres amants. Je suis mondaine, mais honnête. De surcroît, Richard aime Edwige et … si nous avons des affinités sur le plan artistique … cela ne signifie pas que nous nous plaisons physiquement. L'amitié, ça existe … figure-toi !

VALENTIN : Ton adulation pour cet individu et la façon dont tu l'idéalises, permets-moi de dire que ça ressemble à de l'amour.

AUDREY : Oui, je lui trouve des qualités et du charme. Pourtant il n'est en rien mon amant …

(*Valentin interrompt Audrey*)

VALENTIN : Il rêve de l'être sans doute.

AUDREY : Je viens de te dire que c'est un bon ami et rien d'autre. Tu le détestes à cause de ce soupçon que tu entretiens concernant une relation autre qu'amicale entre nous. Je pense aussi que sa personnalité t'exècre.

VALENTIN : Il y a des deux sûrement. Il est vrai qu'il se plaît à occuper la scène et qu'il aime captiver l'attention des femmes. S'il n'était pianiste, il pourrait être comédien.

AUDREY : Tu as raison, il est très mondain et aime être le centre de l'assemblée. Quoiqu'il gagne à être connu.

VALENTIN : Ce snob m'indiffère, vois-tu. Je te signale quand même que son attitude égotiste ne choque pas que moi. J'ai entendu des critiques sur lui en catimini lors du dernier cocktail.

AUDREY : Ah oui ? De qui par exemple ?

VALENTIN : Je ne suis point un délateur, ma chère.

AUDREY : Si je comprends bien, il y a des personnes qui viennent là pour jaser.

VALENTIN : Regarde le monde ! Descends de ton arbre, ma pauvre ! Les humains s'y comportent de manière hypocrite, inhumaine et, même, absurde.

AUDREY : Oui, bien sûr. Je n'ignore pas que l'homme est pétri de travers. Ceci dit, je reste confiante. Il en viendra à évoluer vers plus d'humanité.

VALENTIN : Il est sur Terre depuis des millions d'années et, en final, il est resté le même. Hormis la grande avancée qu'il a faite dans son mode de vie ainsi que sur le plan technologique, sa nature est donc toujours aussi animale et inhumaine.

AUDREY : Par conséquent, selon toi, la fraternité est une utopie.

VALENTIN : Honnêtement, je pense que les êtres humains n'en arriveront jamais à fraterniser. Les races les opposeront ad vitam æternam. De surcroît, les religions véhiculent des dogmes très différents et qui tendent à les fanatiser. Tiens, tu mets deux hommes et une femme sur une île déserte et, à coup sûr, les deux mâles vont s'entretuer et le gagnant s'appropriera la belle. Non, l'homme n'est jamais qu'un animal intelligent et je ne vois pas comment cette pauvre humanité parviendra, un jour, à prendre le chemin de la fraternité.

AUDREY : Eh bien, moi, je suis beaucoup plus optimiste que toi. Ce que l'humanité deviendra ne dépend pas d'elle d'ailleurs.

VALENTIN : Que veux-tu dire par là ?

AUDREY : Que Dieu est seul à savoir ce qu'elle deviendra. Je crois à la fin des temps dont a parlé Jésus-Christ et que cet avènement sera un vrai Bing Bang sur la Terre. L'humanité sera divisée et les justes récompensés.

VALENTIN : Alors, hâtons-nous de faire partie de ces justes, sinon …

(*Audrey interrompt Valentin*)

AUDREY : Oui, je sais, tu ne crois pas à ce que tu penses être des stupidités perpétrées par des religieux qui doutent eux-mêmes, selon toi, de la vérité de ces choses.

VALENTIN : Tu l'as dit, les religieux ne sont pas ceux qui croient le plus à ces prédictions … telles que le Jugement Dernier ou le règne de Jésus-Christ sur la Terre.

AUDREY : Nous parlons là de la chrétienté. D'autres religions énoncent d'autres dogmes. Tout cela pourrait former un tout et mener l'humanité vers une vérité de Dieu plus holistique ou plus globale si tu préfères.

VALENTIN : J'avais compris, figure-toi. Ceci dit, tu rêves ma pauvre Audrey. Tu crois sincèrement que les chrétiens, les juifs et les musulmans, pour ne citer que les grands corps religieux, en arriveront un jour à un consensus ? Celui-ci est impossible et les gesticulations du pape pour favoriser cette concorde sont vouées à l'échec. J'ai lu que les musulmans prévoient d'islamiser le monde et qu'ils y réussissent, d'ailleurs, de façon souterraine. S'ils gagnent la partie, vous vous retrouverez avec une burka mesdames et, quant à nous, pauvres hommes, avec une grande barbe et une djellaba.

AUDREY : Ce que tu avances est impossible. Les Écritures ne prédisent pas un tel bouleversement.

VALENTIN : Ni toi, ni moi, ni quiconque ne peut vraiment savoir ce qui aura lieu. Mon pragmatisme m'incite à ne pas idéaliser le monde ou les humains en général et à raison garder. De toute façon, je ne verrai rien de ce que tes fameuses Écritures prédisent.

AUDREY : Là, je te rejoins. Dans une prochaine vie, nous en serons peut-être les spectateurs.

VALENTIN : Foutaise ! Aucun mort n'est revenu pour dire ce qui a lieu après et si on se réincarne ou pas.

AUDREY : Tu ne crois pas en la Résurrection du Christ donc.

VALENTIN : De mon point de vue, il s'agit là d'un concept purement symbolique. Par conséquent, il ne faut pas prendre cette résurrection au premier degré ou à la lettre si tu préfères.

AUDREY : En tout cas, pour moi, la Résurrection du Christ n'est pas une vue de l'esprit. Cela me réchauffe le cœur d'imaginer que   le Seigneur veille sur nos âmes.

VALENTIN : Imagine, imagine, ma chère ! Entre nous, je trouve ta ferveur quelque peu déplacée.

AUDREY : En quoi est-elle déplacée ?

VALENTIN : Parce que ta foi ne s'accorde pas avec ta manière de vivre.

AUDREY : Sois plus explicite, je te prie !

VALENTIN : Le peu que je me souvienne de mon catéchisme me dit que Jésus-Christ prêchait la pauvreté, l'humilité et non la luxure, la richesse, l'orgueil.

AUDREY : Il ne demande pas à tous les êtres humains de vivre dans le dénuement. Sinon, les pays connaîtraient un terrible désastre économique et les gens se complairaient dans l'oisiveté. Non, vois-tu, son message ne doit pas être pris au pied de la lettre, mais sous un jour spirituel.

VALENTIN : Voilà une interprétation qui te permet d'arranger son message à ta façon et, ainsi, de ne pas éprouver de la culpabilité en vivant comme une arriviste.

AUDREY : Après m'avoir accusée à demi-mot de me complaire dans la luxure, tu me qualifies d'arriviste. Merci beaucoup !

VALENTIN : Tu n'étais pas si bourgeoise quand je t'ai connue. Ma situation et le legs de mes parents t'ont permis de pavoiser dans la bonne société finalement.

AUDREY : À présent, tu m'accuses d'avoir profité de ton argent pour me construire une existence facile et oisive.

VALENTIN : Je souhaite seulement te faire toucher du doigt celle que tu es et, donc, que tu n'es nullement en capacité de donner des leçons de morale à quiconque.

AUDREY : Ouf ! Tu ne me ménages guère. Bon, c'est ta nature de ne pas l'envoyer dire. Il faut quand même être solide pour encaisser tes coups … qui sont douloureux bien souvent.

VALENTIN : Je reconnais que le faux-semblant n'est pas ma tasse de thé. Tu préférerais sans doute que je sois un vieil hypocrite qui te fait des ronds de jambe et qui te blâme en vérité en lui-même ? Je ne veux pas ressembler à toutes ces personnes que tu côtoies dans tes réunions mondaines. Elles ont la bouche pleine de compliments et le cœur débordant de critiques.

AUDREY : Tu caricatures, mon ami. Il y en a de très bien et qui modifieraient ton opinion si tu les connaissais.

VALENTIN : Elles ne perdraient pas leur temps dans ces raouts superficiels. Bien, on s'est quelque peu égaré, embourbé même sur un chemin sans issue.

AUDREY : Pour une fois, tu dis vrai …

(*Valentin interrompt Audrey*)

VALENTIN : Ça ne m'arrive pas souvent à t'entendre.

AUDREY : Bien, passons. Puisque ta disposition d'esprit paraît plus positive qu'au début de cet échange … derrière une porte … j'aimerais que nous en arrivions à mettre en exergue la raison de l'échec de notre couple.

VALENTIN : C'est une obsession. Mais pourquoi cherches-tu tant à expliquer l'inexplicable. C'est ainsi et, en tout cas, une évidence. Vouloir l'expliquer ne fera pas naître l'harmonie entre nous.

AUDREY : C'est dur à entendre, mais clair, très clair même. Oui, je le reconnais, l'harmonie n'a jamais été à l'ordre du jour dans notre couple. Pourtant, n'as-tu pas dit précédemment que tu aimerais comprendre, toi aussi, la raison de cette disharmonie ?

VALENTIN : Oui, mais … À propos d'harmonie, nous n'étions pas si mal ensemble au début.

AUDREY : Merci, Seigneur ! Enfin, une parole agréable ! Tout n'est peut-être pas perdu alors. S'il y a eu un semblant de bonheur, nous pouvons essayer d'en retrouver la subtile fragrance.

VALENTIN : Bravo ! Tu m'avais caché ce joli talent de poétesse.

AUDREY : Tu n'as jamais su voir la femme au-delà de l'apparence. Si tu y étais parvenu, nous n'en serions pas là.

VALENTIN : Ton talent de comédienne, à présent, m'épate. S'il n'y avait cette maudite porte entre nous ... eh bien, tu verrais ma larme à l'œil.

AUDREY : Ta moquerie me contrarie, vois-tu. Quoique je sois rodée, je ne suis guère blindée. Finalement, je ne me ferai jamais à tes sarcasmes, à ton ironie méchante.

VALENTIN : Alors, tu vois combien il est inutile d'essayer de raccommoder ce qui ne peut l'être.

AUDREY : (*en soupirant*) Tant pis ! Mon idéalisme me rend naïve bien souvent.

VALENTIN : Là, tu en fais trop. Tu es tout sauf naïve. N'essaierais-tu pas de me piéger pour en arriver à tes fins ? En définitive, c'est moi que tu prends pour quelqu'un de crédule … mais je ne mordrai pas à l'hameçon. (*en haussant le ton*) Franchement, je n'en reviens pas de ma patience. Que n'ai-je fait encore cesser ce petit jeu !

AUDREY : Tu es un beau parleur … oui, oui, ta faconde m'a bien embobinée. J'aurais dû me méfier. C'est ma mère qui avait raison.

VALENTIN : Encore ta mère ? Allons, laisse cette pauvre femme reposer en paix.

AUDREY : Il n'empêche que si je l'avais écoutée, tu ne serais pas là à m'exprimer ton mépris, à me mettre plus bas que terre même.

VALENTIN : Plus bas que terre ! Non, mais tu ne crois pas que tu en rajoutes ? Tu n'aimes pas que je te dise les quatre vérités. Évidemment, ce n'est pas plaisant de s'entendre dire ce que l'on ne veut pas s'avouer à soi-même.

AUDREY : Je ne suis pas imbue de moi-même, vois-tu. Je suis plus humble que tu ne penses. C'est toi qui n'es pas si modeste en définitive. D'ailleurs, je fais montre de beaucoup de patience en dialoguant avec un homme borné et prétentieux.

VALENTIN : Ces deux qualificatifs manquaient à la description de ma personnalité. Tu as oublié de dire que je suis exécrable. Oh, mais tu vas assurément m'envoyer à la face, si j'ose dire, d'autres attributs.

AUDREY : Tu feras désormais ton mea-culpa tout seul, parce que j'abandonne. (*en élevant la voix*) Adieu, Valentin !

(*petit Silence pendant lequel Valentin fait le geste et la moue de celui qui s'en contrefiche*).

VALENTIN : Alors, adieu, Audrey ! Il est mieux, en effet, de mettre un terme à cette stupide discussion qui ne débouchera, d'ailleurs, sur rien de concret. Qu'est-ce qui m'a pris d'accepter de bavasser derrière une porte. Évidemment, tu ne peux avoir qu'une piètre opinion de moi après cet acquiescement à ton petit manège. (*il élève la voix*) Mais, cette fois, c'est fini et bien fini. Ah, ça oui, tu es le portrait craché de ta mère. Vous n'aviez rien de mieux à faire toutes les deux que de me critiquer en catimini ?

(moue d'*Audrey*)

Tu vois bien que, dès le début, notre relation était vouée à l'échec, puisque ta mère l'avait prédit.

(*Audrey sourit*)

Bon, allez ! J'ai assez déliré. Je vais me reposer … (*en haussant le ton*) et puis … et puis, je vais y crever dans cette fichue taule. Vous pourrez danser tes amants et toi … derrière cette maudite porte pendant que mon cadavre ne ressemblera plus qu'à un squelette décharné.

(*Valentin va s'allonger sur son lit. Les mains derrière la tête, il médite les yeux clos*).

(*Audrey s'apprête à frapper à la porte, puis elle s'abstient*)

AUDREY : Pauvre homme, je m'interroge à présent sur sa santé mentale. (*sur un ton de regret*) Mais … peut-être … suis-je responsable de son état après tout. Je ne vais quand même pas le quitter et me demander chaque jour s'il n'est pas en train de dépérir. (*d'une voix déterminée*) Je le connais mieux qu'il ne me connaît finalement. Je sais que, derrière son comportement de vieux macho, il a du cœur. D'ailleurs, je suis sûre qu'il regrette en ce moment et qu'il se repend en lui-même de son obstination à vouloir sortir à tout prix gagnant de cette confrontation. Que n'avoue-t-il ce qu'il ressent vraiment en son for intérieur ! Il se ment à lui-même et, donc, il se rend inutilement malheureux. Il m'accuse d'être futile, superficielle, mondaine. Honnêtement, je me demande qui est le plus superficiel de nous deux. A-t-il essayé de faire un pas vers moi, de me comprendre, d'inspecter les raisons qui font que nous en sommes là ? (*avec un grand soupir*) Mm, Mm ! (*d'une voix énervée*) Je me flagelle l'esprit et, de son côté, il me jette la pierre sans doute. (*en élevant la voix*) C'est ça, fais du gras dans ton alcôve !

(*Valentin s'assied soudain sur son lit. Il se met à hurler*)

VALENTIN : Non ! Non ! Ah ! Ah ! Ah !

(*Audrey se lève du fauteuil, s'approche de la porte et colle son oreille contre celle-ci*)
AUDREY : (*elle s'interroge tout haut*) Ai-je bien entendu ?

(*elle se tourne vers le public*)

Il a crié … expiré peut-être. Oh, doux Jésus !

(*puis d'une voix inquiète*)

Valentin ? Est-ce que ça va Valentin ?

VALENTIN : (*il se parle à lui-même*) Que me veut-elle encore ? Elle n'en finit pas de faire des allers et retours.

AUDREY : (*d'une voix angoissée*) Valentin, réponds-moi ! Tu n'es pas malade, dis-moi ?

(*allongé sur son lit, Valentin jubile*)

AUDREY : Bon, j'entre … À trois, j'entre. Un, deux, deux et demi …

VALENTIN : Mais veux-tu me ficher la paix … et le camp par la même occasion.

AUDREY : (*d'une voix rassurée*) Ah, tu es vivant … et … bien vivant à ce que j'entends.

VALENTIN : À l'évidence, tu ne t'inquiètes pas pour ma santé, mais plutôt de savoir si je n'ai pas enfin passé l'arme à gauche.

AUDREY : D'autant que tu as toujours été de droite, voire très à droite.

VALENTIN : Ah, mais que voilà une femme adroite ! (*avec une moue ironique*) Bigre, je sais faire de l'esprit moi aussi !
AUDREY : Certes ! Mais il s'agit d'un esprit mal tourné la plupart du temps.

VALENTIN : Tu ignores combien tes boutades m'ennuient, ma pauvre … et combien j'apprécierais de pouvoir vivre en paix et ne plus avoir à écouter tes inepties.

AUDREY : Tu t'ennuierais sans mes inepties, sans cette femme qui te court sur le système, comme tu aimes à répéter. Imagine ! Tu n'aurais plus aucun motif pour donner libre cours à ton agressivité et plus personne à haïr aussi. Pauvre homme ! Tu serais tel un drogué en manque de teuch.

VALENTIN : De quoi ?

AUDREY : De teuch ! Je t'informe alors que ce terme argotique désigne l'herbe ou le shit.

VALENTIN : Tu en sais des choses, dis-moi. C'est dans tes petites soirées que tu les apprends ? (*en mimant le fumeur*) Ton Richard et toi y fumez le teuch en douce sans doute.

AUDREY : Tes offenses ne m'atteignent plus, vois-tu. Ceci dit, je ne suis pas née de la dernière pluie, mon ami.

VALENTIN : Ah, ça oui, tu es même une femme très aguerrie.

AUDREY : Tu ne soupçonnes pas à quel point. Tu es un candide, comparé à moi.

VALENTIN : Ah, Madame Louvain fait du zèle dans l'humour. Elle se croit futée, spirituelle, en droit de me tourner en dérision. Oh, mais tu peux déblatérer à ta guise ! Je n'ai que faire, après tout, de tes insultes imbéciles. Tu finiras par te lasser et par débarrasser le plancher. (*il soupire*) Bigre, quelle délivrance ce sera !

AUDREY : Je m'inquiétais sincèrement et tu n'as rien trouvé de mieux que de m'agresser ... une fois de plus. Je devrais y être habituée pourtant. Or je ne m'y fais pas, car j'estime que deux personnes intelligentes doivent pouvoir se parler courtoisement.

VALENTIN : Je suis le pire des sots. Voilà, tu es satisfaite ? Et maintenant ...

(*Audrey interrompt Valentin*)

AUDREY : Finalement, tu es incurable ! Vraiment !

VALENTIN : Je ne t'ai pas demandé de me guérir de quoi que ce soit. (*puis, d'une voix énervée*) Ah, mais ! C'est insensé ! Tu vas me faire tourner en bourrique, ma pauvre femme. Tu t'y entends, hein, pour pousser les gens dans leurs derniers retranchements.

AUDREY : Et toi, tu t'y entends dans l'emphase. Tu possèdes le don de l'exagération, mon ami. Heureusement, j'en prends et j'en laisse. Sans quoi, il y a belle lurette que je serais à l'asile des fous.

VALENTIN : Tous les fous ne sont pas dans un asile et beaucoup ignorent, d'ailleurs, leur état.

AUDREY : Je ne te l'ai pas fait dire.

VALENTIN : Bon, je sens qu'on va tourner en rond et s'envoyer des piques ou des méchancetés jusqu'à ce que l'un de nous deux flanche. Ça pourrait même tourner au drame cette histoire, tu sais.

AUDREY : À qui la faute ? Tu pourrais assumer celle-là au moins. Je pense y avoir mis du mien, alors que tu n'as cessé, quant à toi, de décourager ma bonne volonté.

VALENTIN : J'y ai mis du mien pendant trente années … alors, il était normal que tu en fasses de même.

AUDREY : Nous piétinons, Monsieur Louvain.

VALENTIN : Oui et ce n'est pas bon pour les jambes.

AUDREY : Nous avons l'air de deux ados qui se chamaillent et s'envoient des vannes en cherchant constamment à avoir le dessus sur l'autre.

VALENTIN : Qui a commencé ?

AUDREY : Peu importe. Il serait temps de cesser et de passer à autre chose.

VALENTIN : En effet. Je ne comprends pas que tu reviennes sans arrêt derrière cette porte pour relancer le papotage.

AUDREY : Ce n'était pas le sens de ma remarque.

VALENTIN : J'avais bien saisi, figure-toi.

AUDREY : Tu fais encore l'ado ?

VALENTIN : Tu n'es pas ma mère, Audrey. Donc, s'il te plaît, change de registre maintenant.

AUDREY : OK, OK. Je te passe le relais. Dis-moi de quoi tu aimerais parler.

VALENTIN : Aucune idée. De toute façon, tu as constaté notre difficulté à dialoguer normalement. De surcroît, nous avons l'air ridicule derrière cette porte.

AUDREY : Et si cette porte nous permettait, en définitive, d'en entrevoir une autre.

VALENTIN : Je ne te suis pas. De quelle autre porte tu parles ?

AUDREY : La porte d'un nouveau chemin, grand Dieu, ... de ce chemin que nous peinons à trouver et porteur d'harmonie.

VALENTIN : Encore un de tes fichus idéaux. L'harmonie est impossible entre deux personnes aux natures opposées.

AUDREY : Les contraires s'attirent. C'est une loi de la physique qui a son prolongement en amour ; en effet, cela peut pimenter grandement la relation.

VALENTIN : Nous prouvons alors l'absurdité de cette loi et, même, que les contraires peuvent en arriver à se repousser.

AUDREY : Pourquoi es-tu resté tant d'années avec une femme dont la personnalité te rebute et dont les idéaux sont si éloignés des tiens. Était-ce par peur de la solitude ?

VALENTIN : Bonne question ! Pendant toutes ces années, où j'étais en permanence en déplacement pour mon travail, le peu de temps que nous passions ensemble ne me permettait pas de réaliser la dichotomie de nos façons d'être. Tandis que maintenant, que je suis à la retraite ... (*avec une mimique*) ... je vois le gouffre qui nous sépare.

AUDREY : Et pas la moindre passerelle pour le franchir.

VALENTIN : Non. De plus, un tel gouffre me donne le vertige.

AUDREY : Bien, cette fois, tu m'as complètement découragée.

VALENTIN : Mais … Audrey … tu nourrissais encore l'espoir d'un raccommodage entre nous ? Je te l'ai dit, des morceaux délabrés ne sauraient être recousus et, surtout, reformer un ensemble harmonieux.

AUDREY : Le patchwork peut avoir de la joliesse, selon moi.

VALENTIN : Nous concernant, ce rapiéçage ne mènerait à rien de concret. Nous nous retrancherions sûrement derrière des faux-semblants pour nous donner l'impression d'être en couple. Et puis, le jour où le masque tomberait, la situation serait pire qu'aujourd'hui. Je pense que tu n'as pas bien réfléchi aux conséquences, ma pauvre.

AUDREY : Tu l'as dit. Je suis une idéaliste et, de plus, pas très futée.

VALENTIN : (*sur un ton désolé*) Tu me fais de la peine, Audrey. Oui, vraiment, ton attente m'attriste.

AUDREY : Es-tu seulement capable d'éprouver quoi que ce soit ?

(*petit temps de silence durant lequel Valentin arbore un regard pensif*)

(*Audrey a les larmes aux yeux. Soudain, elle sanglote bruyamment*)

VALENTIN : (*il lève les sourcils*) Qu'as-tu Audrey ? Tu ris ou tu pleures ? Ah, tu pleures semble-t-il ! Et pourquoi ? Est-ce que je pleure … moi ? Pourtant, cette situation m'attriste. Crois-moi ! Or j'accepte courageusement cette adversité.

(*Audrey sanglote de plus belle*)

VALENTIN : Bon, bon ! Disons que je suis désolé. Voilà ! Ça ne me réjouit pas, tu sais, de te voir aussi malheureuse. (*il se tourne vers le public en prenant un regard rusé*)

Quoique cette maudite porte m'empêche de voir si elle ne me joue pas la comédie.

(*il s'adresse de nouveau à Audrey*)

Je ne suis pas un monstre, vois-tu. J'ai une sensibilité, figure-toi. Aussi dis-moi comment je pourrais te redonner du baume au cœur.

(*silence d'Audrey qui se mouche*)

VALENTIN : Je reconnais que tu as meilleure mentalité que moi. Si, si, tu as fait preuve d'ouverture d'esprit et je m'en suis tenu, personnellement, à une attitude négative et sectaire. De toute évidence, nous sommes très différents toi et moi. Tu es une personne sensible et, parfois, j'ai l'air aussi dur que du teck.

(*Audrey ne dit mot*)

(*Valentin colle son oreille à la porte en fronçant les sourcils*)

(*Audrey regarde dans le vide*)

VALENTIN : (*d'une voix mielleuse*) Ça y est ? Ton petit chagrin est terminé ? (*en haussant le ton*) Allons, Audrey réponds-moi ! Bon, j'en déduis que tu es partie. (*il soupire*). Alors, bon vent, ma chère !

(*Audrey se mure dans le silence*)

(Valentin pense à haute voix)

VALENTIN : Cette fois, elle a bel et bien quitté le domicile conjugal. En outre, elle le fait au moment où je me résolvais à prendre la chose de manière plus positive et, ma foi, à faire preuve de bonne volonté. *(d'un ton ferme)* Ce qui ne signifie guère que je vais en venir à me mettre à plat ventre. Ça, ce n'est pas du tout dans mon tempérament.

AUDREY : *(d'une voix douce)* Je suis là, Valentin. Je t'entends, tu sais.

VALENTIN : Ah, tu es revenue finalement.

AUDREY : Mais je n'étais pas partie.

VALENTIN : Tiens, tiens ! Je subodore alors que mon mea-culpa t'a ravie, voire amusée même.

AUDREY : *(elle soupire)* Seigneur, tu prends plaisir à être désagréable. C'est pitoyable.

VALENTIN : Mais je ne suis en rien désagréable. Je te dis simplement ce que je pense et j'aimerais, d'ailleurs, savoir vraiment ce que tu penses de ton côté.

AUDREY : Tu as dit une vérité tout à l'heure.

VALENTIN : Laquelle ?

AUDREY : Que mon cœur est sensible. J'ajouterai qu'il est hypersensible même.

VALENTIN : Le mien est évidemment dur comme le granit.

AUDREY : Si c'était le cas, tu ne serais pas là à continuer cette conversation. Tu aurais fermé la porte.

VALENTIN : Amusant. À propos de porte, tu en connais beaucoup qui se livreraient à ce petit jeu auquel nous nous livrons depuis … depuis combien de temps déjà ?

AUDREY : Peu importe. L'essentiel est que nous en arrivions à ouvrir cette autre porte virtuelle menant vers une vie nouvelle.

VALENTIN : C'est poétique, romantique, mais …nullement réaliste dans notre cas.

AUDREY : Pourquoi dis-tu « nullement réaliste » ?

VALENTIN : Parce que cette porte virtuelle menant vers une vie nouvelle, comme tu dis, est une vue de ton esprit idéaliste.

AUDREY : Cela signifie que, selon toi, plus rien n'est possible désormais entre nous.

VALENTIN : Honnêtement … pour moi, c'est une affaire entendue. Quoique … une relation ensemble … et en étant chacun chez soi comme Damien et Justine … cela pourrait marcher non ?

AUDREY : Quand nous aurons fait le pas de nous quitter, (en accentuant le ton) de nous quitter vraiment, je te garantis que nous ne nous reverrons plus. (d'une voix ferme) Sois sûr de cela, Valentin !

VALENTIN : (d'une voix légèrement chantante) On dit ça et puis … on agit autrement. (sur un ton empreint de pitié) Ma pauvre

Audrey, tu m'as prouvé, bien des fois, que tu n'es pas constante dans tes idées et tes actes.

AUDREY : Je te ferai remarquer que beaucoup de personnes ne sont pas constantes dans leurs idées, mon ami. La pensée n'est pas statique, elle évolue. Toi-même, d'ailleurs, tu es bien souvent une girouette et tes idées sont loin d'être toujours sensées. Est-ce que je t'en fais le reproche, moi ?

VALENTIN : Précisez, madame la philosophe éprise de morale ! Ne vous en tenez pas à des généralités sans fondement.

AUDREY : (*d'une voix hésitante*) Euh, à brûle-pourpoint ... là ... je n'ai pas d'exemple. De toute façon, nous sommes en train de nous éloigner du sujet. Tu as la manie de noyer le poisson et tu finis toujours par faire dériver la discussion.

VALENTIN : Ah, mais je suis le portrait vivant de cette mobilité de la pensée que tu viens d'évoquer, ma chère ! Ceci dit, je vais te prouver que je n'ai pas perdu le fil en répondant à ta remarque de tout à l'heure, à savoir celle où tu as précisé que tu ne remettras plus les pieds dans ce duplex lorsque tu en seras partie. Mais, depuis le début de ce papotage, je te signale que tu n'as cessé de partir et de revenir ... ou bien de faire semblant de partir. À quel jeu joues-tu exactement ?

AUDREY : Je ne joue pas, Valentin. Je tente l'impossible.

VALENTIN : Ce qui signifie ?

AUDREY : Ne fais pas l'âne pour avoir du son, s'il te plaît. Tu as très bien compris.

VALENTIN : Écoute, tu ne fais pas que tenter l'impossible ... tu te heurtes à un mur en béton armé, ma pauvre

Audrey. Crois-moi, tu n'es guère en mesure de le faire tomber celui-là.

AUDREY : N'y ai-je pas fait la moindre brèche ? Il me semblait pourtant qu'il était prêt à s'écrouler au contraire.

VALENTIN : Qu'est-ce qui t'a fait croire cela ?

AUDREY : Je te laisse y réfléchir, Valentin. Tu es un homme intelligent et capable de discernement. Alors …

VALENTIN : Aïe ! Cet éloge ne me dit rien de bon. Il augure même une suite que j'imagine cinglante, une vengeance certainement contre tous mes mauvais actes et mes mauvaises paroles à ton égard.

AUDREY : Je prends ça pour une reconnaissance du mal que tu m'as fait durant ces trente années ensemble. Concernant mon éloge, il n'était pas perfide. (*en haussant le ton*) Ta négativité est pesante. Vraiment ! Tu t'ingénies à tourner mon propos de la pire des façons. C'est intenable !

(*Valentin se tourne vers le public*)

VALENTIN : J'avais prédit que l'embellie ne serait qu'un bref passage. J'entendais, d'ailleurs, les subtils grondements de l'orage.

AUDREY : Tu t'essaies à la poésie à présent ? Ce n'est pas dans ta nature …
(*Valentin interrompt Audrey*)

VALENTIN : Ma vraie personnalité et mon potentiel t'échappent, ma chère. Il me semble t'avoir dit que ton jugement manque de finesse.

AUDREY : Permets-moi de te retourner la gentillesse ; car tu n'as jamais pris la peine de percer la vraie femme en moi. (*Valentin ne dit mot et prend un air pensif*).

AUDREY : Je note que tu ne réponds pas. (*sur un ton interrogatif*) Tu es à court d'arguments, toi ? Là, tu m'étonnes !

VALENTIN : Non, non ! Je me disais brusquement que … (*il suspend la voix*).

AUDREY : Que ?

VALENTIN : Enfin, ma conscience me soufflait de ne pas laisser la situation en l'état. Voilà !

AUDREY : C'est-à-dire ?

VALENTIN : (*d'une voix ferme*) J'ai une conscience moi aussi, vois-tu !

AUDREY : Je n'ai jamais prétendu le contraire.

VALENTIN : (*sur un ton autoritaire*) Bien, d'accord, passons ! (*puis, d'une voix adoucie*) Je me suis donc demandé si on peut raisonnablement se quitter en ignorant tout de nos jardins secrets. À y réfléchir, j'éprouverais de la frustration en pensant à tout ce que je n'ai pas cherché à connaître de toi.

AUDREY : Ah, enfin ! (*sur un ton satisfait*) Le mur se lézarde.

VALENTIN : (*sur un ton professoral*) S'il te plaît, ne décourage pas ma bonne disposition d'esprit surtout !

AUDREY : Souhaitons alors qu'elle ne soit pas pareille à un feu follet.

VALENTIN : Dommage que tu prennes le parti de m'irriter, (*d'une voix appuyée*) juste au moment où j'en viens à désirer pousser l'analyse.

AUDREY : Je plaisantais, mon cher. Nous n'avons pas plaisanté une seule fois depuis le début de ce … papotage … comme tu dis.

VALENTIN : Bien que cet échange derrière une porte soit une idée loufoque, je me suis plié à ta plaisanterie, non !

AUDREY : J'ai eu cette inspiration après que tu te sois enfermé dans ta chambre, figure-toi. Il m'est venu ensuite à la pensée que ce serait profitable sans doute de nous parler sans nous voir, puisque, (*en appuyant sur « manifestement »*) manifestement, tu ne supportes plus de m'avoir face à toi.

VALENTIN : T'ai-je dit ça un jour ?

AUDREY : Oh, ça oui ! Plutôt deux fois qu'une même ! Tu sais que tu ne manques pas d'aplomb bien souvent. D'ailleurs, pourquoi nous en sommes arrivés à faire chambre à part ? (*d'une voix aiguë*) Mm ! Dis-moi pourquoi ?

VALENTIN : Oui, oui, je vais te le dire. Eh bien, parce que tu m'accusais de ronfler et que cela te dérangeait, très chère. Certes, le bruit des pas d'une fourmi sur le parquet troublerait ton sommeil.

AUDREY : Tu caricatures comme toujours. Tu aimes ça caricaturer. En fait, ce n'est pas le fait que tu ronfles, (*sur un ton confidentiel*) quoiqu'on dirait une locomotive à charbon traversant la chambre, (*puis sur un ton naturel*) qui nous a amenés à cette décision.

VALENTIN : Et quoi donc alors ?

AUDREY : Souffrirais-tu de la maladie d'Alzheimer ? Ou bien, encore une fois, tu fais l'âne pour avoir du son. Je vais te le dire pourquoi. Parce que tu disais ne plus voir l'intérêt de dormir à côté de moi.

VALENTIN : À cause de ton apnée du sommeil, figure-toi, j'avais l'impression de dormir à côté d'une morte. (*sur un ton désolé*) Ah, non-assistance à personne en danger, c'est puni par la loi … je te signale.

AUDREY : Qu'est-ce que tu racontes ! Tu es en plein délire, mon ami. N'en profiterais-tu pas pour fumer un shit derrière la porte ?

VALENTIN : C'est toi qui délires, ma pauvre. Je plaisantais tout à l'heure. Tu te plaignais de mon trop grand sérieux. J'ai voulu te montrer, donc, que je peux avoir de l'humour.

(*Audrey rit de bon cœur*)

AUDREY : (*sur un ton joyeux*) Voilà, ton humour n'est pas passé inaperçu. Tu es content ? À présent, j'aimerais que nous poursuivions sur ce rejet de ma personne que tu refuses de reconnaître. Mon Dieu, je vis avec un homme qui se demande ce qu'il fait avec moi.

VALENTIN : Bigre ! (*il ricane*) Si c'était le cas, je t'aurais quittée depuis belle lurette.

AUDREY : Je pense que tu es resté avec moi par pur conformisme et par orgueil aussi … celui de pouvoir t'afficher en société avec une jolie femme.

VALENTIN : Je …

(*Audrey interrompt brusquement Valentin*).

AUDREY : (*d'une voix autoritaire*) Attention à ce que tu vas dire, Valentin !

VALENTIN : Pourquoi tu t'affoles ainsi ? (*sur un ton conciliant*) J'allais dire que j'admets que tu es une belle femme. (*d'une voix à nouveau ferme*) En fait, tu prêches le faux pour savoir le vrai. Je ne suis ni conformiste, ni prétentieux comme tu le prétends.

AUDREY : Quelle raison te fait me haïr à ce point ? Allez, sois franc pour une fois. La vérité n'est pas toujours bonne à entendre, mais, en l'occurrence, tu nous libéreras l'un et l'autre en la disant.

VALENTIN : Ah, tu voudrais me faire dire ce que tu aimerais entendre… juste pour te prouver à toi-même la pertinence de ton jugement.

AUDREY : S'il te plaît, Valentin ! N'enterre pas la question pour éviter d'y répondre.

VALENTIN : (*d'une voix naïve*) Quelle était la question déjà ?

AUDREY : Tu as de la chance que je sois encline à la magnanimité. (*d'une voix appuyée*) Donc, je te répète que je souhaite savoir pourquoi tu me hais.

VALENTIN : Je ne te hais pas, Audrey. Que l'amour se soit affadi entre nous ne signifie pas que nous nous haïssons. Tu me hais, toi ?

AUDREY : Pourquoi donc te haïrais-je ! En outre, un amour absent ne saurait s'affadir. Je crains que, de ton côté, cela n'ait été que de l'attirance physique.

VALENTIN : L'amour et l'attirance physique vont de pair pour moi. Qu'est-ce qui a dominé me concernant ? Je ne saurais dire.

AUDREY : Eh bien, je vais te le dire moi. En fait, je n'étais pas ton idéal de femme. Par contre, Edwige l'aurait été tout à fait ... elle.

VALENTIN : Quant à moi, je pense que (en insistant sur le prénom) Richard aurait mieux fait ton bonheur que je n'ai su le faire.

AUDREY : (*sur un ton professoral*) Entends ceci, Valentin ! Je t'ai aimé sincèrement et ce n'est en rien ta situation et le confort de vie que tu pouvais m'apporter qui m'a fait accepter de t'épouser. L'amour est plus important que l'argent dans la vie.

VALENTIN : Peut-être, mais l'argent contribue au bonheur tout de même.

AUDREY : Par amour, il ne m'aurait pas dérangé de mener une vie modeste.

VALENTIN : (*sur un ton ironique*) Oh, il est facile de convoiter l'humilité quand on vit dans l'opulence.

AUDREY : Mes parents appartenaient à la société moyenne, ni pauvres, ni riches. Fais-moi la grâce de me croire quand je t'affirme que je n'ai jamais perdu le contact avec la simplicité.

VALENTIN : Tes soirées mondaines ne sont pas des œuvres de charité que je sache. Aussi je pense, au contraire, que tu ne pourrais plus retourner parmi celles et ceux qui sont forcés de trimer dur pour gagner leur pain.

AUDREY : Voilà une allégation qui prouve que tu ne me connais pas … (*en appuyant*) pas du tout même.

VALENTIN : (*d'une voix légèrement chantante*) Je vous vois vivre, Madame Louvain, et je vois une femme qui se complaît dans la société des parvenus, des arrivistes … dans les mondanités.

AUDREY : Puisqu'il te plaît que je sois une exécrable mondaine … (*en appuyant*) alors oui, je suis mondaine.

VALENTIN : Ah, enfin, une parole vraie ! Se mentir à soi-même est pire que mentir aux autres. (*sur un ton confidentiel*) Tu sais comment tu es et c'est bien de le reconnaître.

AUDREY : Tu l'as dit, je sais comment je suis. Sais-tu toi-même comment tu es ?

VALENTIN : Tu ne vas pas manquer de me le dire.

AUDREY : Pourquoi ne veux-tu pas essayer de rendre cette discussion plus productive ?

VALENTIN : Pour en venir où exactement ?

AUDREY : Ne t'est-il jamais arrivé de réfléchir sur nous, sur notre vie ensemble, de désirer que notre couple prenne un autre chemin ?

VALENTIN : Il est impossible de changer la fatalité, ma chère.

AUDREY : Selon toi, il était écrit que nous devions être malheureux ensemble. Notre destin était donc de vivre cette torture.

VALENTIN : Tu critiques mon sens de l'exagération … mais tu aimes bien exagérer toi aussi … ou, plutôt, dramatiser. Quant à ce qui est écrit ou pas, je n'en ai aucune idée et je n'y crois pas de surcroît.

AUDREY : Pourquoi parles-tu de fatalité alors ? Cela sous-entend la prédestination.

VALENTIN : Ce que je voulais dire, en fait, c'est que notre couple a pris une voie que nous n'aurions pas pu … (*d'une voix énervée*) Oh, et puis … j'en ai soupé de ton introspection philosophique. Ça me donne le tournis à la longue.

AUDREY : J'essaie seulement de comprendre, de savoir si je ne suis pas responsable de l'échec de notre couple.

VALENTIN : Tu te tortures les méninges pour rien. Tu n'es pas fautive et je ne suis pas fautif. C'est ainsi !

AUDREY : Merci, mon Dieu de m'avoir fait don de cette patience d'ange. (*en haussant le ton*) Il en faut une sacrée avec toi, mon ami.

(*Valentin garde le silence*)

AUDREY : Si nous avions eu un enfant, voire plusieurs, notre couple n'en serait pas là, je pense.

VALENTIN : Les enfants ne ressoudent pas, ou rarement, les couples désunis. Combien divorcent, avec une progéniture pourtant ! (*sur un ton confidentiel*) Par conséquent, excuse-moi de te dire cela, mais ta réflexion était absurde.

AUDREY : (*d'une voix triste*) Tu n'as pas saisi le sens de mon propos.

VALENTIN : Que n'ai-je pas saisi exactement ?

AUDREY : Ce que je souhaitais te faire entendre, c'est que ton regard sur moi aurait été tout autre si j'avais pu te permettre d'accéder à la paternité. Alors que là …

(*Audrey sanglote*)

VALENTIN (*en se tournant vers le public*) :

Voilà que ça lui reprend !

(*il s'adresse de nouveau à Audrey*)

Écoute, dis-toi bien que j'aurais été un drôle de père. (*sur un ton détaché*) Et puis, paternité ou pas, cela n'aurait rien changé, selon moi, à la disharmonie de notre couple.

AUDREY : Ça n'est pas mon point de vue. Notre couple est devenu bancal après l'annonce de ma stérilité. Cela fut pour moi comme un coup d'assommoir, souviens-toi.

VALENTIN : En effet, je m'en souviens très bien.

AUDREY : Construire une famille est quand même le but du mariage entre un homme et une femme. L'arrivée d'un enfant est une immense joie et cela renforce l'amour qui prend un sens grâce à ce petit être issu de la chair de l'un et de l'autre. Sois franc, Valentin ! La privation de paternité ne t'a jamais affecté ?

(*Valentin ne dit mot et arbore un regard pensif*)

AUDREY : Je sens que je viens de toucher un point sensible.

VALENTIN : Je ne me suis jamais posé la question. Je l'ai accepté, puisque nous ne pouvions pas faire autrement ... sauf adopter un enfant.

AUDREY : Tu vois que tu crois à la fatalité, à l'imparable destinée.

VALENTIN : Tu extrapoles. La vie est une suite de hasards. Nous avons la capacité de changer le cours des événements si nous le voulons. Tiens, par exemple, quand nous avons su que tu étais stérile, j'aurais pu t'imposer le divorce et me trouver une femme fertile.

AUDREY : Pourquoi tu t'es sacrifié alors ? (*avec la gorge nouée*) Divorcer t'aurait évité de haïr une femme qui n'en est pas vraiment une à tes yeux, j'imagine.

(*Audrey a le regard très triste*)

VALENTIN : (*sur un ton confidentiel*) Tu déraisonnes, Audrey. Tu es une vraie femme, allons. Sache que je ne me suis en rien sacrifié. (*sur un ton plus ferme*) D'ailleurs, j'aurais été sûrement un piètre père.

AUDREY : (*d'une voix terne*) Ça sonne faux, mon cher. Je persiste à croire que tu t'es demandé, bien des fois, ce que tu faisais avec une femme infertile et que tu aurais préféré pouvoir, toi aussi, choyer des enfants.

VALENTIN : Ah, mais … encore une fois, je ne dirai pas ce que tu veux à tout prix entendre. Tu sais bien que je ne suis qu'un vieil égoïste et que les enfants m'ennuient. (*en élevant la voix*) Et, maintenant, tu vas me ficher la paix avec tes histoires de fertilité, de paternité et j'en passe.

AUDREY : Permets-moi quand même d'insister en te faisant remarquer que tes regards tendres vers les enfants ne m'ont pas échappé. (*sur un ton plus appuyé*) J'en suis certaine … tu aimes beaucoup les enfants au contraire.

(*Valentin garde le silence. Il a le regard triste*)

AUDREY : Tu sais, nous aurions pu adopter un enfant ou deux même. J'y étais favorable personnellement. (*la gorge nouée*) Ils auraient été heureux de grandir dans un foyer comme le nôtre.

VALENTIN : (*le regard songeur*) Tu penses sincèrement que nous aurions été plus heureux ensemble avec des enfants ?

AUDREY : Ah, merci Seigneur ! Tu vois que j'avais vu juste.

VALENTIN : Bon, en y réfléchissant … j'admets que tu as peut-être raison et que cela ne m'aurait pas déplu d'élever une belle progéniture. (*d'une voix navrée*) Je ne voulais pas que tu culpabilises à cause de cette stérilité qui t'a tant affectée dans le passé. En définitive, nous n'en avons jamais parlé.

AUDREY : Il y a tant de choses dont nous n'avons jamais débattu. Concernant ma stérilité, elle m'a fait broyer du noir, mais tu n'en savais rien puisque tu étais totalement pris par ton activité. C'est merveilleux pour une femme d'enfanter. (*la voix cassée*) Or Dieu m'a privé de ce bonheur. Il aurait été mieux que j'épouse la condition de nonne, plutôt qu'un homme.

VALENTIN : Tu aurais fait une drôle de nonne, vois-tu. Bien que ... une nonne mondaine ... ça changerait de ces nonnes étriquées, refoulées et au cœur sec.

AUDREY : Il y en a d'épanouies, heureuses de servir le Seigneur et proches des gens. Concernant ce penchant mondain, que tu me prêtes, c'est un a priori.

VALENTIN : Ces réunions avec des gens de la bonne société qui affichent leur condition, leur richesse ... (*ton railleur*) ce n'est pas un a priori, mais une triste réalité.

AUDREY : Je t'ai déjà dit que tu ne connais pas la femme que je suis en vérité.

VALENTIN : Madame Louvain se complaît dans le mystère. Sois plus explicite, ma chère, que je découvre enfin cette femme que je n'ai pas su voir !

AUDREY : Il t'appartient de faire preuve de perspicacité, mon ami. Je note, d'ailleurs, que tu n'as pas fait l'effort de me découvrir depuis le début de cette discussion.

VALENTIN : Te mettre à nu avec une porte entre nous, voilà une idée bien cocasse.

AUDREY : De toute façon, nous avons perdu l'habitude de nous mettre à nu.

VALENTIN : Je sens que tu souhaites reparler de cette cassure dont notre couple a pâti lorsque nous avons décidé de faire chambre à part. N'est-ce pas toi qui l'a voulue en premier ?

AUDREY : Soit tu as rejeté cet épisode au fond de ton subconscient, soit tu fais preuve à nouveau de mauvaise foi.

VALENTIN : Madame la psy reprend du service. Alors, quitte à paraître sénile, j'avoue ne plus me souvenir précisément comment cette chose est arrivée.

AUDREY : Nous avons tenté d'en parler tout à l'heure, mais la discussion a dérivé comme toujours. D'ailleurs, tu t'arranges pour noyer le poisson quand le sujet n'est pas à ton avantage.

VALENTIN : Pauvre poisson ! Il doit en avoir soupé d'être noyé à tout bout de champ.

AUDREY : Voilà que ça te reprend ! N'est-ce pas une maladie finalement ? Tu devrais consulter, mon ami.

VALENTIN : Bon, tu profites de l'occasion pour me rabaisser et tenter de prendre le dessus. Cette habitude de persécuter ton prochain … voilà une maladie dont tu n'as pas conscience quant à toi.

AUDREY : Tu te sens persécuté ? Alors que j'essaie tout simplement de te faire dire ce que tu enfouis, depuis si longtemps, dans le tréfonds de ton subconscient.

VALENTIN : Ta vocation n'était pas d'être violoniste, mais psychanalyste. (*sur un ton déterminé*) En outre, je vois bien que tu essaies de me tirer les vers du nez pour en arriver à tes fins.

AUDREY : Toi, tu aurais fait un bon politicien, étant donné que tu excelles dans l'art de …

(*Valentin interrompt Audrey*)

VALENTIN : De la rhétorique.

AUDREY : Non, non ! Dans l'art de la faconde plutôt.

VALENTIN : Ah, ça ! C'est beaucoup moins élogieux.

AUDREY : Désolée. En ce qui concerne mon souhait de te tirer les vers du nez, comme tu l'as dit, là n'est pas mon intention et je ne cherche pas, non plus, à faire tourner la conversation à mon avantage. Je suis prête, au contraire, à assumer la responsabilité de l'échec de notre couple si cela peut nous permettre d'avancer vers un dénouement.

VALENTIN : Et à quel dénouement tu penses ?

AUDREY : Ta mauvaise volonté à essayer de dénouer l'écheveau est désolante. Mes efforts sont voués à l'échec finalement.

VALENTIN : Tu crois vraiment que ce qui n'a pas fonctionné pendant trente ans pourrait soudain trouver une nouvelle jeunesse ?

AUDREY : Que veux-tu, je suis une invétérée idéaliste. J'ai foi que Dieu insuffle le cœur de l'homme d'une once d'Amour en lui demandant de la faire prospérer.

VALENTIN : Ah, je note alors qu'il m'a oublié.

AUDREY : Si on parlait sérieusement, Monsieur Louvain. J'ai l'impression de m'efforcer de bouger un énorme bloc de pierre.

VALENTIN : Bon, d'accord ! Parlons sérieusement ! Je n'aimerais pas que tu attrapes un tour de reins à cause de moi.

AUDREY : (*d'une voix légèrement chantante*) Tu papotes à nouveau.

VALENTIN : OK, OK ! Parlons sérieusement, puisque tu y tiens tant … mais de quoi au juste ?

AUDREY : De nous tout simplement.

VALENTIN : (*sur un ton ironique*) Nous n'avons pas cessé de le faire et ça n'a mené à rien. Nous allons finir par ne plus savoir quoi nous dire.

AUDREY : Nous aurions pourtant tant de choses à nous dire. Et si cela ne débouche sur rien pour nous deux, peut-être cela nous permettra-t-il de ne pas réitérer les mêmes erreurs avec une autre personne.

VALENTIN : (*d'un ton moqueur*) Oh, crois-moi, je prendrai du bon temps quand nous en aurons fini toi et moi. Tiens, je me ferai un petit tour du monde. Il y a nombre de pays que j'aimerais visiter avant de passer l'arme à gauche.

AUDREY : (*d'une voix désolée*) Tu as de ces expressions, mon pauvre Valentin.

VALENTIN : Qu'ai-je dit de si choquant ?

AUDREY : En disant « Quand nous en aurons fini toi et moi », j'ai le sentiment d'être une soubrette que tu renvoies après t'être servie d'elle.

VALENTIN : Pardonne-moi Audrey. Je ne voulais pas t'offenser de la sorte.

AUDREY : Mais tu l'as fait cependant. À présent, je sais que tu ne me vois plus du tout comme ton épouse.

VALENTIN : Est-ce que tu me vois comme ton époux, toi ?

AUDREY : Oui et, sinon, nous ne serions pas là à discuter ensemble. Je n'essaierais pas de sauver ce qui ne peut l'être. Ce sont tes propres mots.

VALENTIN : Je pensais que tu cherchais seulement à comprendre les raisons de l'échec de notre couple … juste pour ne pas partir frustrée.

AUDREY : Tu as cru ce qui t'arrangeait, Valentin.

VALENTIN : Tu dois alors me trouver horrible, voire pire encore.

AUDREY : Ah, peut-être allons-nous réussir à faire évoluer cette … palabre.

VALENTIN : Mieux vaut tard que jamais. J'ai senti du désarroi dans ta voix et ça m'a vraiment touché.

AUDREY : Bon, ton cœur n'est pas totalement insensible. J'avais peur que ce ne soit rédhibitoire. Grâce à Dieu, il y a encore une once d'espoir.

VALENTIN : Dénuée d'espérance, la vie n'a pas de sens.

AUDREY : En effet, l'espérance permet de croire en l'avenir, en la concrétisation de nos désirs. C'est aussi un sentiment chrétien.

VALENTIN : En quoi est-ce un sentiment chrétien ?

AUDREY : L'espérance chrétienne est la foi dans la Parole de Dieu.
VALENTIN : Bigre ! Je te savais mondaine, mais pas si religieuse. Que me caches-tu encore ?

AUDREY : Je suis en mesure de te surprendre … et beaucoup plus que tu ne l'imagines.

VALENTIN : Mais … me voici tout ouïe, ma chère.

AUDREY : Les révélations ont plus d'effet lorsqu'elles arrivent à brûle-pourpoint ou qu'elles ne sont pas soupçonnées.

VALENTIN : Là, tu aiguises ma curiosité. S'il te plaît, ne me fais pas languir. Ce sera un vrai brûle-pourpoint, je te l'assure.

AUDREY : Enfin, quelque chose en moi ou de moi qui aiguise ton intérêt. C'est à inscrire dans les annales de notre couple … (*sur un ton plus bas*) … certes, en déconfiture.

VALENTIN : C'est bien que tu le reconnaisses.
AUDREY : Quoi donc ?

VALENTIN : Que notre couple est un chef-d'œuvre délabré.

AUDREY : Et qu'il ne saurait être restauré, avais-tu envie d'ajouter.

VALENTIN : C'est ce que je m'escrime à te faire admettre depuis le début de ce drôle d'échange.

AUDREY : Tu vois, je ne suis pas butée. Puisque nous sommes parvenus à une même conclusion, nous pouvons à présent partir chacun de notre côté.

VALENTIN : Et tu n'éprouveras plus la moindre frustration ?

AUDREY : Je vais pouvoir enfin rencontrer quelqu'un qui saura m'apprécier et m'aimer. (*elle soupire*) C'est bon la liberté … oui vraiment bon ! Elle procure un sentiment de joie intérieure. Un mystique a dit : « La liberté est l'invention extraordinaire de l'Amour de Dieu ».

VALENTIN : Vous voilà exaltée, tout à coup, madame la philosophe ! Abandonnerais-tu ta quête de la cause du dépérissement de notre couple ? Avons-nous suffisamment creusé le sujet, selon toi ?

AUDREY : Tiens donc ! Serais-tu angoissé brusquement ?

VALENTIN : Angoissé, moi ? Ah ça non alors ! Je m'interrogeais juste sur cette démarche que tu as menée avec obstination, jusqu'à m'horripiler même, et que tu laisses en l'état, comme induite par un petit diable.

(*Audrey éclate de rire*)
VALENTIN : Pourquoi ris-tu à gorge déployée ?

AUDREY : Parce que ta remarque m'a amusée, mon cher.

VALENTIN : Et concernant tes fameuses révélations ? M'en feras-tu la faveur avant de voler vers ta chère liberté porteuse d'une belle espérance ?

AUDREY : Ah, tu peux être poète à tes heures toi aussi ! Voici un don qui devrait nous rapprocher.

VALENTIN : Sauf que je n'ai guère ce don, bien qu'il m'arrive de faire des réflexions apparemment poétiques. Mais si cela avait dû nous rapprocher, nous serions très proches à ce jour. Désolé !

AUDREY :   Dommage,   alors !   Réponds-moi franchement …

(*Valentin interrompt Audrey*)

VALENTIN : (*d'une voix chantante*) Pour une fois. Tu dis souvent ça « Pour une fois » comme si j'étais un piètre fabulateur.

AUDREY : Bon, OK ! Dis-moi sincèrement ...

(*Valentin fait des mimiques derrière la porte*)

(*puis, il se tourne vers le public et chuchote en faisant le geste d'un chef de chœur*)

Il dit : « Pour une fois » (*pour que le public répète*)

Audrey poursuit :

Je voulais donc savoir pourquoi tu semblais paniquer à l'idée de me voir reprendre ma liberté.

VALENTIN : Jamais de la vie ! Rien ne t'oblige, d'ailleurs, à rester derrière cette porte. S'il te sied de partir, tu peux décider de le faire sans rien dire.

AUDREY : Je pense que ça te perturberait de ne pas maîtriser la situation.

VALENTIN : Tu aimes manipuler les gens et, d'ailleurs, tu me manipules mine de rien. Tiens, à n'en pas douter, tu prends plaisir à diriger cette discussion depuis le début. Tu es comme un jeune chat qui s'amuse à dérouler une pelote de laine. Il m'intéresserait, en outre, de connaître ton véritable objectif.

AUDREY : (*d'un ton appuyé*) Je te l'ai déjà dit, Valentin ! Je souhaite comprendre pourquoi je ne te conviens pas et je n'ai toujours pas de réponse. Se sentir rejetée sans en connaître la raison est frustrant, déstabilisant même. Puisque je ne l'aurai pas, je m'en vais. Je ferai en sorte de faire le deuil de ma frustration.

VALENTIN : Sache alors que ta frustration est bien moins pire que la mienne.

AUDREY : Vraiment ! Et en quoi cela, je te prie ?

VALENTIN : M'avoir amené à tes cocktails mondains, où la plupart des convives étaient au courant de tes parties de jambes en l'air avec le sieur Richard, … c'est plus que frustrant … (*en élevant la voix*) c'est déshonorant !

AUDREY : J'en conviens.

VALENTIN : C'est tout ce que tu trouves à répondre. Je prends ça pour un aveu, figure-toi.

AUDREY : (*sur un ton professoral*) Monsieur Louvain, je nie les faits qui me sont reprochés.

VALENTIN : Ne t'en sors pas par une boutade ! J'attends plutôt que tu avoues (*en appuyant sur « enfin »*) enfin ton sordide petit manège avec ton parvenu.

AUDREY : Je n'avouerai rien …

(*Valentin interrompt Audrey*)

VALENTIN : Ah oui ? Eh bien, je vais aller le trouver ton Richard et lui coller mon poing sur la figure.

AUDREY : Comment as-tu pu rester tout ce temps dans cette situation de mari trompé ?

VALENTIN : Ah, Audrey, s'il te plaît ! Ne joue pas avec mes nerfs parce que ce n'est pas une porte qui va …

(*Audrey interrompt Valentin*)

AUDREY : Qui va quoi ?

VALENTIN : Pauvre femme, ta mentalité est pitoyable.

AUDREY : Dois-je en déduire que tu m'aimes, Valentin ?

VALENTIN : Je te confirme, avec le plus grand calme, que tu m'exècres.

AUDREY : Il est clair que tu n'en peux plus parce que tu m'aimes au fond de toi et que tu peines à te l'avouer.

VALENTIN : (*sur un ton énervé*) Je te hais, je te hais, je te hais ! Voilà, c'est dit ! Je hais tout en toi ! C'est clair ?

AUDREY : Je ne me souviens plus qui a dit : « Tant qu'on hait, on aime encore ».

VALENTIN : C'est ça ... philosophe, poétise ! Moi, j'en ai fini maintenant avec tes inepties derrière une porte. Je vais me reposer. Adieu, madame Louvain !

AUDREY : Entends quand même ceci ! Pendant ces trente années, je ne t'ai jamais été infidèle. Je te l'ai dit, Richard est un ami, juste un bon ami et même si j'avais été libre, il n'aurait rien été d'autre. Je me sens salie par tes accusations et, surtout, quand tu affirmes que je t'ai amené dans des cocktails où tous savaient que je te faisais cocu. Mon Dieu, je comprends maintenant pourquoi tu me rejettes ainsi. Tu me crois quand je te dis ça ?

(*Valentin fait la moue et le geste de quelqu'un qui s'en contrefiche*)

AUDREY : (*d'une voix autoritaire*) Valentin, je te somme de répondre ! Doutes-tu de ma sincérité ou non ?

(*Valentin est allongé sur son lit, les yeux clos*)

AUDREY : D'accord. Puisque c'est ainsi, je m'en vais. Mais sache que ...

(*Valentin ouvre les yeux et interrompt Audrey*)

VALENTIN : Mettons que je te crois.

AUDREY : Mettons que tu me crois ? Moi, vois-tu, je ne crains pas de te donner une preuve irréfutable de ma sincérité … et de ma fidélité aussi.

VALENTIN : Vas-y ! Fais-moi donc la faveur de cette preuve irréfutable (*en appuyant sur le mot « irréfutable »*).

AUDREY : Évidemment, ma façon de te le prouver te paraîtra loufoque … puisque tu ne crois pas en Dieu.

VALENTIN : Qu'est-ce donc que ce charabia ? Quelle relation y a-t-il entre ma non-croyance en Dieu et cette preuve ?

AUDREY : Tu sais combien je crois en Dieu n'est-ce pas ?

VALENTIN : Oui, enfin … Tu es comme toutes ces grenouilles de bénitier qui font leurs prières tout en se comportant égoïstement envers leur prochain. On ne peut pas prétendre croire en Dieu et faire la volonté du Diable.

AUDREY : Tu m'accuses, par là, de faire allégeance à Satan plutôt qu'à Dieu.

VALENTIN : Ta petite vie mondaine avec tes comparses de la bonne société ou, disons, tes nouveaux riches, ne colle pas avec une vraie foi en Dieu selon moi.

AUDREY : Ta remarque, vois-tu, est pétrie d'a priori. D'ailleurs, je ne suis pas aussi mondaine que tu l'affirmes. C'est une façade mon ami.

VALENTIN : Tu fais dans l'ambiguïté pour m'embrouiller … comme souvent. Tu n'as pas affaire à un homme complètement stupide, ma pauvre Audrey et …

(*Audrey interrompt Valentin*)

AUDREY : Je n'ai jamais pensé ça de toi, Valentin … Tu es borné, parfois, mais nullement stupide.

VALENTIN : Borné n'est pas synonyme d'ouverture d'esprit et, donc, d'intelligence.

AUDREY : Nous sommes comme Dieu nous fait.

VALENTIN : Dieu a le dos large. Ah ça ! Pour supporter la bêtise humaine il faut qu'il l'ait … j'allais dire le pauvre homme.

AUDREY : Me feras-tu la grâce de me croire quand je te dis que je ne suis pas celle dont tu entretiens l'image dans ta pensée ?

VALENTIN : C'est la révélation dont tu me parlais tout à l'heure ? Il te faudra mieux l'étayer si tu veux changer mon opinion sur toi.

AUDREY : Je le ferai, sois-en sûr.

VALENTIN : Je veux bien alors te croire sans preuve … en attendant d'en avoir une de tangible et convaincante.

AUDREY : Parfait. Permets-moi d'en revenir à la foi en Dieu.

VALENTIN : Si ton intention est de me convertir à ton dogme, tu vas assurément gaspiller ta salive pour rien.

AUDREY : Pourquoi te convertirais-je ? Tu es baptisé et, donc, chrétien que je sache.

VALENTIN : Oh, comme des millions d'individus à un âge où on ne peut protester. Dommage ! Quant à l'abbé qui a essayé de m'inculquer le catéchisme, il s'est tout bonnement cassé le nez. Faites ce que je dis et non ce que je fais … voilà la devise des curés.

AUDREY : On peut avoir foi en Dieu, néanmoins, tout en reconnaissant les travers de l'Église. Je conviens qu'elle ne montre pas toujours l'exemple. Personnellement, ma foi est ancrée en mon âme.

VALENTIN : Par contre, vois-tu, je crois en l'âme.

AUDREY : Dieu est le gardien des âmes. Je pense que ton blocage vient d'un rejet de la religion. Pour tout un chacun, Dieu devrait être une évidence et non une croyance. En tout cas, il l'est pour moi.

VALENTIN : Tes paroles sont intéressantes et … (*d'un ton grave*) ta foi a l'air vraiment sincère.

AUDREY : Elle n'a pas l'air seulement, elle l'est.

VALENTIN : Je sens, en effet, cette sincérité.

AUDREY : Merci Seigneur ! Tu croiras donc en la sincérité de ce que je vais te confesser, main posée sur la Bible.

VALENTIN : Alors, il y a un hic, ma chère.

AUDREY : Lequel ?

VALENTIN : Au cas où tu ne l'aurais pas remarqué, nous sommes de chaque côté d'une porte et …

(*Audrey interrompt Valentin*).

AUDREY : C'est purement symbolique. Disons-le alors autrement. Si je t'en fais le serment devant Dieu, est-ce que tu cesseras de mettre ma parole en doute ?

VALENTIN : Oui, pourquoi pas.

AUDREY : « Pourquoi pas » n'est pas la réponse que j'attendais.

VALENTIN : Bon, d'accord ! Ta foi en Dieu m'est apparue solide. Disons donc que c'est un gage de sincérité.

AUDREY : Merci. Ainsi Dieu est témoin que je suis une femme honnête et qui ne t'a jamais été infidèle.

VALENTIN : Je souhaiterais interroger le témoin. Monsieur Dieu, veuillez venir à la barre, je vous prie !

AUDREY : Je viens de te dire une chose importante que j'aimerais que tu traites avec sérieux.

VALENTIN : Je plaisante, mais ta révélation touche mon cœur. Pardon d'avoir douté de ta probité, Audrey.

AUDREY : Tu vois que tu te trompais sur moi. Par contre, je me demande ce qu'il en est de toi.

VALENTIN : Que veux-tu dire par là ?

AUDREY : Comment vas-tu me convaincre de ton honnêteté quant à toi ?

VALENTIN : Je me doutais qu'il y avait anguille sous roche et que tu me préparais une surprise désagréable. Tu vas te plaire à me noircir à présent.

AUDREY : Tu exagères …

(*Valentin interrompt Audrey*)

VALENTIN : (*d'une voix légèrement chantante*) Comme toujours !

AUDREY : Oui, bon ! Peux-tu affirmer, Valentin, que tu ne m'as jamais trompée ?

VALENTIN : Euh oui … pourquoi ? Tu en doutes ?

AUDREY : Tu ne peux pas, malheureusement, m'en faire le serment devant Dieu, étant donné la déficience de ta foi en Lui. Aussi suis-je forcée de te croire sur parole.

VALENTIN : La mienne vaut bien la tienne non.

AUDREY : Sauf que je détiens la preuve, moi, qu'il n'en est rien.

VALENTIN : Ah, là, j'exige que tu clarifies ton propos. Tu fais mine de dire sans rien dire. Cette insinuation me déplaît fortement, vois-tu.

AUDREY : Tu es mal à l'aise, car tu ignores réellement ce que je sais. Mais n'as-tu pas la moindre idée de ce dont il s'agit ?

VALENTIN : Tu es perverse, Audrey. Si, si, ta manière de tourner autour du pot est totalement perverse.

AUDREY : L'accusateur n'est pas toujours le plus honnête. En l'occurrence, tu m'as chargée des pires défauts : mondaine, superficielle, adepte de parties de plaisir avec des hommes entre autres. Mais tout cela va fondre bientôt comme neige au soleil. Te concernant, il serait mieux que tu montres de l'humilité et aussi … de l'honnêteté.

VALENTIN : À quoi rime tout ce galimatias ? Sois plus directe, nous gagnerons du temps. Qu'attends-tu que je dise qui puisse prouver mon honnêteté ? Je me suis toujours comporté avec droiture dans ma vie et envers mes semblables.

AUDREY : Il ne s'agit pas de tes semblables, mon cher. Je sais que tu comprends fort bien où je veux en venir. Tu te débats comme un gibier qui a la patte prise dans un piège.

VALENTIN : Et toi, tu ressembles à une chasseresse prenant plaisir à voir souffrir l'animal pris au piège.

AUDREY : (*d'une voix aimable*) Pauvre petit animal sans défense ! (*d'un ton grave*) En réalité, tu es un loup capable de mordre et de se sortir des situations les plus inconfortables.

VALENTIN : Tu as vraiment une opinion de moi très …

(*Audrey interrompt Valentin*).

AUDREY : Très injuste ? Pauvre Valentin ! Quelle femme perverse et cruelle … je suis, n'est-ce pas !

VALENTIN : Bon, vas-y ! Donne-moi le coup de grâce ! Qu'on en finisse à présent !

AUDREY : Tout à fait. Alors … Peux-tu me dire comment tu as connu la belle Emma ?

VALENTIN : Emma ?

AUDREY : Oh, ne fais pas celui qui ne se souvient pas d'elle !

VALENTIN : Ah, Emma ! Oh, belle, belle ! Pas si jolie que toi.

AUDREY : Mm, Mm, cet éloge sent le coup fourré. *(sur un ton plus haut)* Alors ?

VALENTIN : Pourquoi me parles-tu de cette Emma d'ailleurs ? J'ai côtoyé plein de gens au cours de ma vie professionnelle.

AUDREY : Oui, mais … à ce qu'on m'a dit … cette Emma avait la faveur d'un côtoiement rapproché.

VALENTIN : C'est si loin tout ça …

AUDREY : Ah, tu ne vas pas noyer le poisson aussi facilement cette fois.

VALENTIN : Le pêcheur ne se laissera guère noyer, quant à lui, par des accusations sans fondement.

AUDREY : Tu cherches une échappatoire, car tu sais bien que je tiens un élément en mesure de démontrer la défaillance de ta probité.

VALENTIN : Tu ne vas rien démontrer du tout. Cette Emma n'était qu'une simple relation comme tant d'autres.

AUDREY : Quel genre de relation exactement ?

VALENTIN : Je te l'ai dit … c'est lointain désormais.

AUDREY : Faute avouée est à demi pardonnée. Ainsi il serait mieux que tu reconnaisses qu'elle n'a été qu'un moment d'égarement.

VALENTIN : Et … qui t'a parlé de cette Emma ?

AUDREY : Peu importe ! Tu es en train d'avouer à demi ton incartade, n'est-ce pas !

VALENTIN : Écoute, c'est une vieille histoire. Il y a prescription à présent.

AUDREY : Dois-je prendre cela pour un aveu ?
(*Valentin ne répond pas, mais soupire silencieusement en pinçant les lèvres*)

AUDREY : Pourquoi ne libères-tu pas ton cœur ?

VALENTIN : Bon, d'accord. Cette Emma et moi avons eu une courte histoire … mais qui n'a pas compté pour moi en définitive.

AUDREY : Il y en a eu combien d'autres de ces petites histoires ?

VALENTIN : Aucune autre, je te le jure.

AUDREY : Ah, sur quoi donc pourrais-tu jurer et … qui soit en mesure de me convaincre de ta sincérité ?

VALENTIN : Oui, bien sûr. Je vois ce que tu veux dire. Évidemment, tu dois me croire sur parole. En outre, il faut que tu saches que ... après cette brève amourette, j'ai beaucoup culpabilisé.

AUDREY : Bon, me voilà contrainte de te croire sur parole. Ceci dit, je pense que tu es sincère. Malheureusement, tu as rompu le serment de mariage par ton infidélité.

VALENTIN : Pourquoi n'ajoutes-tu pas que cela m'importe peu, vu mon misérable statut d'athée ?

AUDREY : Tu as bien traduit ma pensée.

VALENTIN : Je précise quand même que cette chose n'est arrivée que parce que nous étions en froid toi et moi.

AUDREY : Et que tu as simplement cherché à te réchauffer. Je compatis, Valentin.

VALENTIN : Vas-y, jette-moi la pierre ! Toi, la blanche colombe qui n'a jamais péché ... lapide-moi donc maintenant !

AUDREY : Avocat, politicien et, à présent, comédien ! Quoique je sente, en l'occurrence, que tu requiers mon pardon.

VALENTIN : Là, tu te trompes. C'est vrai, je t'ai accusée à tort ... alors que je ne suis, quant à moi, qu'un vieux fourbe.

AUDREY : Je vais donc t'étonner et te montrer combien je suis magnanime. Je te fais la faveur de mon entier pardon.

VALENTIN : Cette faveur me touche beaucoup, Audrey. De toute façon, nous allons divorcer. Bien sûr, tu pourras partir la tête haute pour ta part.

AUDREY : Et tu ne vas pas me regretter ?

VALENTIN : Dieu seul sait … comme tu dirais. J'aurai la réponse quand tu seras partie.

AUDREY : D'accord. Avant que nous nous séparions, il est important que je te fasse une importante révélation.

VALENTIN : Je t'écoute.

AUDREY : La mondaine superficielle va donc t'informer qu'elle n'est pas si mondaine. Toi, tu n'as assisté qu'à trois ou quatre cocktails qui correspondaient à des moments de détente entre amis. Concernant ces soirées, que tu qualifiais de mondaines, elles t'auraient instruit sur leur but si tu y avais participé. Car nous avons constitué une petite formation dans laquelle je joue du violon, Richard du piano, James du violoncelle et Fabienne de la contrebasse. Nous nous produisons dans des églises ou autres pour récolter des fonds, lesquels sont reversés à une association caritative dont Richard est le président. C'est un homme de cœur qui s'intéresse aux petites gens, vois-tu.

VALENTIN : Pourquoi ne m'as-tu jamais parlé de cette noble activité et m'as-tu laissé avoir une fausse idée de toi ?

AUDREY : Tout simplement parce que tu t'investissais à cent pour cent dans ta charge de PDG et que ma vie ne t'intéressait guère. Tu n'as pas nourri la moindre curiosité et cela m'a bien souvent frustrée.

VALENTIN : Je regrette sincèrement. Si tu m'avais informé de l'objectif de ces soirées, j'aurais fait l'effort d'assister à certaines.

AUDREY : Nous nous sommes éloignés l'un de l'autre et cela n'a pas permis une bonne communication entre nous. Aussi étais-tu dans ta vie et moi dans la mienne.

VALENTIN : C'est exact.

AUDREY : À présent, tu comprends mieux pourquoi je te disais que tu ne me connais pas.

VALENTIN : Pas du tout même. Ce divorce a un goût amer maintenant. Peux-tu me faire une nouvelle faveur ?

AUDREY : Oui.

VALENTIN : J'aimerais que tu me rejoues cet air que tu jouais quand nous nous sommes connus.

AUDREY : D'accord.

(*Audrey sort le violon de son étui et joue « Air pour violon seul de J.S. Bach »*).

(*Valentin écoute, les yeux clos. Deux larmes perlent sur ses joues*).

(*au terme de sa petite prestation musicale, Audrey dit d'une voix douce*)

- Voilà, Valentin.

VALENTIN : (*la gorge nouée*) C'était très beau. Tu joues merveilleusement bien finalement.

AUDREY : Merci, Valentin. Malgré le « finalement », j'apprécie quand même cette reconnaissance tardive.

VALENTIN : Le pardon fait-il partie de ta philosophie de vie ?

AUDREY : Ma foi en Dieu serait bien vaine si je ne le faisais pas. Tu souhaites savoir, sans doute, si je peux te pardonner ton infidélité.

VALENTIN : Ainsi que tout ce que je t'ai fait endurer, tous mes a priori sur toi, etc.

AUDREY : Sache alors que je te pardonne tout en bloc.

VALENTIN : Donc, tu ne me détestes pas. Je n'oserai toutefois te demander si tu m'aimes encore ou si tu pourrais m'aimer de nouveau.

AUDREY :   Que   dirais-tu   d'ouvrir   cette   porte maintenant ?

VALENTIN : (*il soupire*) Ah, elle en aura entendu de toutes les couleurs cette porte, n'est-ce pas !

AUDREY : En effet.

VALENTIN : Bon ! J'ouvre !
(*Valentin tourne la clé dans la serrure et ouvre la porte*).

VALENTIN : Quel effet ça te fait de me revoir après tout ce temps ...

(*Audrey interrompt Valentin*)

AUDREY : D'un stupide papotage ... tu allais ajouter non ?

VALENTIN : J'ai l'impression qu'il a duré une éternité. En définitive, il n'était pas si stupide.

AUDREY : En effet ... il a ouvert la porte, n'est-ce pas.

VALENTIN : Tu n'as pas répondu à ma question de tout à l'heure.

AUDREY : Parce que je ne sais pas s'il est bon que je t'avoue que je n'ai jamais cessé de t'aimer ... malgré tout.

VALENTIN : Quant à moi, j'ignorais combien mon cœur était attaché au tien. Trente années de perdu, alors que j'avais à mon côté la plus merveilleuse des femmes.

AUDREY : Il va falloir que nous apprenions à nous réaimer, mon chéri.

(*Valentin prend Audrey dans ses bras*)

(*ils s'embrassent*)

Le rideau tombe

Table des matières

Dépôt légal : Mars 2023

© 2023, François de Calielli

Imprimeur et éditeur :

Édition : BoD – Books on Demand, info@bod.fr
Impression : BoD – Books on Demand,
In de Tarpen 42, Norderstedt (Allemagne)
Impression à la demande